Dieses Buch gehört:

Männerwirtschaft

Michaela Langer

Illustrationen von Kristin Labuch

Hölker  Verlag

8 9 10
ISBN 3-88117-509-1

Gestaltung: Kristin Labuch
Redaktion: Christiane Leesker, Jutta Engelage
© 1999 Verlag Wolfgang Hölker GmbH, Münster
Vollständig überarbeitete und ergänzte Auflage
Printed in Belgium

Inhalt

Ich liebe meine Küche

Ich liebe meine Küche, wir sind ein schönes Paar.
Ich mag ihre Gerüche und ich mag ihr Inventar.
Da sind noch andre Zimmer,
doch darin bin ich kaum.
Irgendwas zieht mich immerfort zurück in diesen Raum.
Und ich spür' ganz deutlich während jedes Schmauses
– die Küche ist das Herz des ganzen Hauses!

(R. Mey)

Zur Einstimmung

Wenn Sie dieses Buch aufgeschlagen haben, gibt es für Sie sicher viele gute Gründe, selbst zum Kochlöffel zu greifen. Ist es der Wunsch nach einem Erfolgserlebnis oder das Bedürfnis, auch auf diesem Gebiet kreativ tätig zu werden? Sind Sie der gastronomischen Dienstleistungen oder Fastfoodangeboten überdrüssig und drängen nun an den heimischen Kochherd? Gehören Sie zu den Männern, die sich im Punkte leibliches Wohl bestens versorgt wissen und die eigenen Kochkünste als eine Herausforderung sehen? Oder sind Sie auf sich gestellt und wollen sich selbst mit einfachen, schnellen Gerichten den Magen füllen oder mit etwas aufwendigeren verwöhnen?

Dieses Buch wird Ihnen helfen, für alle Gelegenheiten gewappnet zu sein. Ob Sie nun für sich alleine eine schnelle Mahlzeit zubereiten, Geschäftspartner mit einem Menü positiv stimmen, einige Freunde zu einer geselligen Runde einladen, Ihre Kinder bei Laune halten oder eine Party für Ihren Nachwuchs organisieren wollen, in den einzelnen Kapiteln finden sie genügend Vorschläge für die verschiedensten Anlässe.
Die Mengenangaben wurden entsprechend der Gegebenheiten variiert und sind am Ende jeder Kapiteleinleitung aufgeführt. Selbstverständlich können Sie die Rezepte nach Lust und Laune variieren oder für andere Ereignisse nutzen. In diesen Fällen müssen Sie nur die Mengenangaben anpassen. Ansonsten sind Ihrer Kreativität keine Grenzen gesetzt.

Sind Sie in der Kochkunst noch ein absoluter Laie, dann beginnen Sie mit den Rezepten aus dem ersten Kapitel. Sie werden sehen, wie schnell Sie sich in die neue Materie einarbeiten und, wer weiß, vielleicht werden Sie nach dieser Lektüre sogar über die Neuverteilung der Küchenzuständigkeiten verhandeln.

In diesem Sinne also viel Erfolg und guten Appetit.

Schneller Imbiß
für müde Heimkehrer

Wer kennt das nicht: abends erschöpft von einem anstrengenden Arbeitstag nach Hause zu kommen und nur noch den Wunsch zu verspüren, die Beine hochzulegen. Doch leider ist da noch der Magen, der hartnäckig nach seinem Recht verlangt.

Kein Grund zum Verzweifeln. Die folgenden Rezepte sind so schnell zubereitet, daß Sie bald zu Ihrem Feierabend kommen. Und Ihr Magen ist dann bestimmt auch ruhig und gesättigt.

Die Rezepte sind für eine Person berechnet.

Gekochte Eier

Eier sollte man stets im Hause haben. Ob gekocht oder gebraten, sie schmecken zu jeder Tageszeit, lassen sich hervorragend variieren und sind außerdem das billigste Essen überhaupt. Doch übertreiben Sie es nicht mit den Mengen. Denn ein zu häufiger Eiergenuß kann den Cholesterinspiegel erhöhen. Außerdem gibt es deutliche Qualitätsunterschiede. Wer auf Nummer sicher gehen will, kauft daher nur frische Eier von freilaufenden Hühnern.

Das Ei an seinem runden Ende mit einem „Eierpieker" einstechen (damit es nicht platzt) und in kochendes Wasser legen. Weiche Frühstückseier 3–4 Minuten, harte Eier 10 Minuten kochen. Die Eier mit kaltem Wasser abschrecken, so lassen sie sich besser pellen.

Rühreier

2–3 Eier
2 EL Dosenmilch oder Wasser
Salz
Pfeffer
10 g Butter

Die Eier mit Dosenmilch oder Wasser sowie Salz und Pfeffer in einer Schüssel verquirlen. Butter in einer Pfanne erhitzen und die Eimasse hineingeben. Bei schwacher Hitze und unter leichtem Rühren stocken lassen.

☞ Die Rühreier können durch Schinken- oder Wurstwürfel, Krabben, gewürfelte Bratenreste, Pilze (Pfifferlinge, Champignons), gewürfelte Paprikaschoten oder Tomaten angereichert werden.

☞ Mit gehackten Kräutern wie Schnittlauch, Petersilie, Dill oder Kresse bestreut servieren.

..ich legte jeden Tag ein Ei und sonntags auch mal zwei!

Omelett

2 Eier
1 Prise Salz
2 EL Öl
Kräuter

Die Eier in einer Schüssel kurz verquirlen und salzen. Öl in einer Pfanne erhitzen und die Eimasse hineingießen. Die Pfanne etwas schräg halten, damit sich die Masse gleichmäßig verteilt. 3 Minuten stocken lassen, bis die Unterseite fest ist. Auf eine Hälfte die vorbereitete Füllung geben und die andere Hälfte darüberklappen. Auf einen Teller gleiten lassen, mit gehackten Kräutern wie Schnittlauch, Petersilie, Dill oder Kresse bestreuen und sofort servieren.

☞ Als Füllung eignen sich besonders gut Champignons, Erbsen, Spargelspitzen oder auch Krabben. Diese Füllungen vorher abtropfen lassen, in etwas erhitzter Butter andünsten und warm stellen.

Bacon and Eggs
Eier mit Speck

Dieses berühmte englische Frühstück schmeckt nicht nur in den Morgenstunden nach mehr.

100 g durchwachsener Speck
1 EL Öl
2 Eier
Salz
Pfeffer

Den Speck in Scheiben schneiden. Das Öl in einer Pfanne erhitzen und den Speck darin knusprig braten. Die Eier aufschlagen und in die Zwischenräume gleiten lassen. Bei milder Hitze so lange braten, bis das Eiweiß fest ist. Nach Geschmack mit Salz und Pfeffer würzen.

Wurstsalat

150 g Fleischwurst
1 kleine Zwiebel
1 Tomate
1/2 grüne Paprikaschote
1 EL Essig
2 EL Öl
etwas Senf
Salz
Pfeffer

Die Fleischwurst häuten, erst in Scheiben und dann in schmale Streifen schneiden. Die gehäutete Zwiebel in feine Ringe, die gewaschene Tomate in Scheiben und die gesäuberte Paprikaschote in Streifen schneiden. Alles in eine Schüssel geben und vermischen. Essig, Öl und Senf in einer Schale gut verrühren und mit Salz und Pfeffer pikant abschmecken. Die Marinade über den Salat gießen. Etwa 30 Minuten im Kühlschrank durchziehen lassen und eventuell noch einmal abschmecken.

☞ Mit einem kühlen Bier und einer Scheibe Brot ist das ein deftiges, erfrischendes Abendessen.

Leberkäse mit Spiegelei

1 EL Öl
1 dicke Scheibe Leberkäse
1 TL Mehl
1 Ei
2 Gewürzgurken
1 Tomate, Petersilie

Das Öl in einer Pfanne erhitzen. Den Leberkäse mit Mehl bestäuben und in dem Fett auf jeder Seite 3 Minuten knusprig braten. Herausnehmen und warm stellen. Das Ei aufschlagen, in das gleiche Fett hineingleiten lassen und bei mittlerer Hitze braten, bis das Eiweiß fest ist. Das Spiegelei auf den Leberkäse plazieren. Mit Gewürzgurken, in Scheiben geschnittener Tomate und gehackter Petersilie garnieren.

Hamburger

Der beliebte amerikanische Imbiß schmeckt zu jeder Tages- und Nachtzeit.

200 g Hackfleisch vom Rind
1 Ei
Salz
Pfeffer
1 EL Öl
2 Brötchen
2 Salatblätter
1 kleine Zwiebel
Tomatenketchup

Das Hackfleisch mit Ei, Salz und Pfeffer in einer Schüssel gut verkneten. Aus der Fleischmasse zwei flache Klopse oder Frikadellen formen. Das Öl in einer Pfanne erhitzen und die Hamburger darin von jeder Seite ca. 3 Minuten braten.
Die Brötchen aufschneiden und auf die Unterseiten jeweils ein gewaschenes, trockengetupftes Salatblatt und darauf einen Hamburger legen. Die Zwiebel in Ringe schneiden und auf den Hamburgern verteilen. Mit Tomatenketchup würzen und die Brötchen zuklappen.

Cheeseburger

Dieser Schnellimbiß ist eine Weiterentwicklung des amerikanischen Hamburgers.

1 kleine Zwiebel
100 g Hackfleisch vom Rind
1 EL Semmelbrösel
1 EL Milch
Salz
Pfeffer
Paprikapulver
1 TL mittelscharfer Senf
1 1/2 EL Öl
1 Tomate
1 Scheibe Chesterkäse (in Streifen geschnitten)
1 Milchbrötchen, Tomatenketchup

Die Zwiebel schälen und fein würfeln. Mit dem Hackfleisch, den Semmelbröseln und der Milch in einer Schüssel gut verkneten. Mit Salz, Pfeffer, Paprikapulver und Senf pikant abschmecken. Aus der Fleischmasse eine Frikadelle formen und mit 1/2 Eßlöffel Öl bestreichen. Das restliche Öl in einer Pfanne erhitzen und die Frikadelle darin von jeder Seite 5 Minuten braten.

Die Tomaten waschen, in Scheiben schneiden und den Stielansatz entfernen. Die Frikadellen auf ein Backblech legen und mit Tomatenscheiben und Käsestreifen belegen. In den auf 175 Grad vorgeheizten Backofen schieben und überbacken, bis der Käse zerläuft.

Das Milchbrötchen aufschneiden und die fertige Frikadelle zwischen beide Hälften plazieren. Mit Tomatenketchup servieren.

☞ Dazu einen grünen oder gemischten Salat und ein kühles Bier, und der erste Teil des Abends dürfte gerettet sein.

☞ Kinder lieben Hamburger und Cheeseburger!

Bauernfrühstück

Dieses deftige Gericht heißt zwar Frühstück, wird aber mit Vorliebe als Abendessen serviert.

> *250 g Kartoffeln*
> *50 g durchwachsener Räucherspeck*
> *1 EL Butter*
> *1 Zwiebel*
> *Salz*
> *Pfeffer*
> *2 Eier*
> *2 EL Wasser*
> *Schnittlauch*
> *1 Gewürzgurke*
> *1 Tomate*

Die Kartoffeln waschen und mit Schale etwa 30 Minuten kochen. Mit kaltem Wasser abschrecken, pellen und kalt werden lassen. In der Zwischenzeit den Speck in kleine Würfel schneiden. Die Butter in einer Pfanne erhitzen und den Speck darin anbraten. Die Kartoffeln in Scheiben schneiden, die Zwiebel würfeln und beides in die Pfanne geben. Mit Salz und Pfeffer würzen und knusprig braten. Dabei häufiger wenden. Die Eier mit Salz, Pfeffer und Wasser verquirlen und über die Kartoffeln gießen. Etwa 3 Minuten stocken lassen. Dabei die Pfanne ein wenig schütteln, damit nichts ansetzt. Den Schnittlauch feinschneiden und darüberstreuen. Mit Gewürzgurken- und Tomatenstücken garnieren und sofort servieren.

☞ Bei Tomaten sollte man die Stengelansätze immer herausschneiden, weil sie das giftige Solanin enthalten.

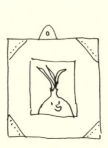

Fischerfrühstück

Fischfans werden diese Variante dem Bauernfrühstück vorziehen.

250 g Kartoffeln
50 g durchwachsener Räucherspeck
1 EL Butter
Salz
1 Gewürzgurke
1 kleine Dose Nordseekrabben
2 Eier
Pfeffer
Schnittlauch

Die Kartoffeln waschen und etwa 30 Minuten kochen. Mit kaltem Wasser abschrecken, abziehen und abkühlen lassen. Den Speck würfeln und in der erhitzten Butter kurz anbraten. Kartoffeln in Scheiben schneiden und dazugeben. Salzen und unter häufigerem Wenden knusprig anbraten.
Die Gewürzgurke würfeln, die Krabben abtropfen lassen und beides mit den Kartoffeln vermischen. Die Eier aufschlagen und auf die Kartoffeln gleiten lassen. Das Eiweiß mit Salz und Pfeffer würzen. Den Schnittlauch kleinschneiden und darüberstreuen.

Strammer Max

Strammer Max wurde von den Berlinern erfunden und ist sehr schnell zubereitet.

1 Scheibe Bauernbrot
2 EL Butter
50 g roher Schinken
2 Eier
Salz
Pfeffer
Schnittlauch

Die Brotscheibe mit Butter bestreichen. Schinken würfeln und über das Brot verteilen. Die Butter in einer Pfanne erhitzen. Die Eier aufschlagen und hineingleiten lassen. Zu Spiegeleiern braten und auf die Brotscheibe legen. Mit Salz und Pfeffer würzen. Den Schnittlauch kleinschneiden und die Eier damit bestreuen.

Überbackene «Schildkrötchen»

1 Brötchen
1 Paar Wiener Würstchen
Paprikapulver
Curry
1 EL Kresse
2 Scheiben Chesterkäse
einige rote Paprikastreifen aus dem Glas
2 TL Remouladensauce aus dem Glas
Petersilie
2 Salatblätter

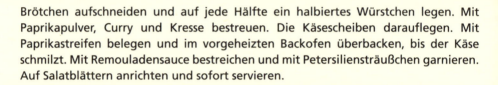

Brötchen aufschneiden und auf jede Hälfte ein halbiertes Würstchen legen. Mit Paprikapulver, Curry und Kresse bestreuen. Die Käsescheiben darauflegen. Mit Paprikastreifen belegen und im vorgeheizten Backofen überbacken, bis der Käse schmilzt. Mit Remouladensauce bestreichen und mit Petersiliensträußchen garnieren. Auf Salatblättern anrichten und sofort servieren.

☞   Bei Kindern nicht nur wegen des Namens sehr beliebt!

Gefülltes Fladenbrot

1/4 türkisches Fladenbrot
100 g Schweineschnitzel
1/2 Tüte Fix für Pfannengyros
50 ml Wasser
2 EL Öl
100 g fertiger Krautsalat
1/2 Tomate
2 EL Tsatsiki (Fertigprodukt)

Das Brot so weit einschneiden, daß es sich gut füllen läßt. Das Fleisch kurz abspülen, trockentupfen und in Streifen schneiden. Das Fix für Pfannengyros mit Wasser und Öl verrühren, über das Fleisch gießen und 40 Minuten ziehen lassen. Danach in einer heißen Pfanne einige Minuten kroß braten.

Das Fleisch herausnehmen und mit dem Krautsalat vermischen. Die Tomate waschen, den Stengelansatz entfernen und die halbe Tomate in Scheiben schneiden. Das Brot mit der Mischung von Fleisch und Krautsalat sowie den Tomatenscheiben füllen. Tsatsiki darüber und fertig!

Spaghetti Carbonara

150 g Spaghetti
1¹/₂ l Salzwasser
3 EL Butter
40 g durchwachsener Speck
1 Knoblauchzehe
6 EL Sahne
Petersilie
1 Ei
1 Eigelb
2 EL geriebener Parmesan
Salz
frisch gemahlener schwarzer Pfeffer

Die Spaghetti im Salzwasser in 10–15 Minuten bißfest kochen. Auf ein Sieb gießen, kurz mit kaltem Wasser abschrecken und abtropfen lassen. Die Butter in einem Topf erhitzen. Den Speck in kleine Würfel schneiden. Die Knoblauchzehe schälen und kleinschneiden. Beides in der Butter kurz anbraten. Die Sahne hineinrühren und kurz aufkochen. Die Petersilie abspülen, trockentupfen und hacken. Mit Ei, Eigelb und Parmesan in einer Schüssel verquirlen. Die abgetropften Spaghetti zum Speck geben und die Eiermischung darübergießen. Gut verrühren und mit Salz und Pfeffer abschmecken.

☞ Wenn Sie die Spaghetti wie ein waschechter Italiener zubereiten möchten, müssen die Spaghetti in der ganzen Länge – zerkleinern ist nicht stilecht – in das kochende Wasser gegeben werden. Damit sie nicht klumpen, mit einer Holzgabel auflockern oder etwas Olivenöl in das Kochwasser geben. Die Nudeln „al dente", d. h. bißfest kochen.

17

Spaghetti Bolognese

2 EL Öl
1 Zwiebel
1 Knoblauchzehe
100 g Hackfleisch
1 TL Tomatenmark
1 kleine Dose geschälte Tomaten
Salz
Pfeffer
Paprikapulver
Cayennepfeffer
1/2 Tasse Rotwein
150 g Spaghetti
1 1/2 l Salzwasser
geriebener Parmesan

Das Öl in einer Pfanne erhitzen. Die Zwiebel schälen und würfeln. Die Knoblauchzehe ebenfalls schälen und mit etwas Salz zerdrücken. Beides in die Pfanne geben und kurz anbraten. Das Hackfleisch dazugeben und goldbraun braten. Tomatenmark und geschälte Tomaten mit der Flüssigkeit hinzufügen. Mit Salz, Pfeffer, Paprika und etwas Cayennepfeffer würzig abschmecken. Den Rotwein dazugießen und 30 Minuten bei schwacher Hitze kochen.

Die Spaghetti in kochendes Salzwasser geben, umrühren und in 10–15 Minuten „al dente" kochen. Auf ein Sieb gießen, kurz mit kaltem Wasser übergießen, abtropfen lassen und auf einen Teller geben. Das Fleisch darauf verteilen und mit Parmesankäse bestreuen.

☞ Falls Sie Ihre Kinder bekochen wollen, ersetzen Sie den Rotwein mit heißer Fleischbrühe (eventuell Instant-Brühe) und erhöhen Sie die Mengen. Damit treffen Sie bestimmt den Geschmack der Kids. Sie können auch das Hackfleisch weglassen. Dann haben Sie eine leckere Tomatensauce.

Basilikum-Nudeln

150 g grüne Nudeln
1 ½ l Salzwasser
4 EL Olivenöl (kaltgepreßt)
1 TL Zitronensaft
½ Bund Basilikum
2 Stengel Petersilie
Salz
frisch gemahlener Pfeffer

*wir zwei
ähneln einander -
mal ist sie blitzeblank,
mal total
durcheinander
und mal fehl'n
Tassen
im
Schrank.

(R. Mey)*

Die Nudeln in Salzwasser mit 2 Eßlöffeln Olivenöl bißfest kochen. Auf ein Sieb gießen, kurz mit kaltem Wasser abschrecken und abtropfen lassen. Das restliche Öl mit dem Zitronensaft verrühren. Basilikum und Petersilie waschen, kleinhacken und mit den Nudeln vermengen. Mit Salz und Pfeffer abschmecken.

Blitzgulasch

Dieses Gulasch ist zwar etwas teurer, dafür aber sehr schnell zubereitet. Und noch ein wichtiges Kriterium: Es schmeckt äußerst lecker!

150 g Schweine- oder Rinderfilet
3 EL gutes Speiseöl
1 Zwiebel
1/2 grüne Paprikaschote
1/2 rote Paprikaschote
1 Prise Zucker
Salz
Pfeffer
Paprika (rosenscharf)
1 Tomate

Das Filet kurz abspülen, trockentupfen und in Würfel schneiden. Das Öl in einem Topf erhitzen und die Filetwürfel darin schnell anbraten. Die Zwiebel schälen, kleinschneiden und zum Fleisch geben. Die Paprikaschoten putzen, waschen, in Streifen schneiden und ebenfalls dazugeben. Mit Zucker, Salz, Pfeffer und Paprika abschmecken. Im zugedeckten Topf etwa 15 Minuten schmoren lassen.
Die Tomate mit kochendem Wasser übergießen, häuten, vierteln und dabei den Stengelansatz herausschneiden. Zum Fleisch geben und etwa 5 Minuten garen.

☞ Das Häuten ist empfehlenswert, weil die Tomatenschale hart ist.

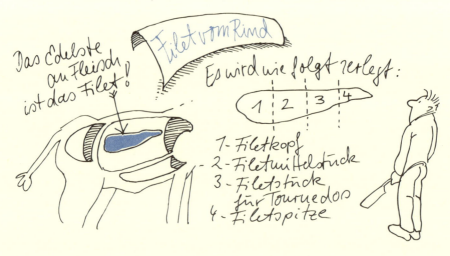

Tatar

Schmeckt äußerst lecker, doch Vorsicht! Das Fleisch muß absolut frisch sein und sollte nur beim Fleischer gekauft werden. Auch die Eier müssen frisch sein.

1 kleine Zwiebel
1 TL Kapern
150 g Tatar
1 Eigelb
Salz
Pfeffer

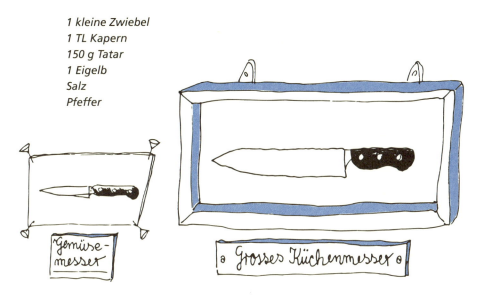

Gemüse-
messer

Grosses Küchenmesser

Die geschälte Zwiebel und die Kapern feinhacken. Mit Tatar, Eigelb, Salz und Pfeffer in einer Schüssel vermischen und auf einem Teller anrichten.

☞ Wenn das Fleisch etwas trocken ist, einige Tropfen Öl hinzufügen.

☞ Das Tatar kann mit gehackter Gewürzgurke, Tomatenketchup, Paprikapulver, Tabasco- und Worcestersauce oder auch mit einem Schuß Cognac oder Sherry verfeinert werden.

☞ Sollte das Tatar einem Besuch serviert werden, überläßt man das Mischen dem Gast selbst. Das Fleisch wird dann rund geformt auf einem Teller angerichtet, in die Mitte eine Vertiefung gedrückt und ein Eigelb hineingeben. Salz, Pfeffer, Paprika, gehackte Kapern und Zwiebel um das Fleisch herum anrichten.

☞ Als Beilage eignet sich Graubrot mit Butter.

Ein-Mann-Gerichte zum Verwöhnen

Jetzt wird es stellenweise etwas schwieriger, aber keine Sorge, Sie werden es sicher meistern! Die Zubereitung dauert natürlich etwas länger als bei einem Schnellimbiß. Doch vom Schnellimbiß allein kann man nicht ewig leben. Und es tut gut, sich ab und zu etwas zu gönnen.

Die Rezepte sind für 1 Person berechnet. Wenn Sie die folgenden Gerichte für mehrere Personen zubereiten möchten, vergessen Sie nicht, die Mengen entsprechend zu verändern.

Tomatensuppe

1 Zwiebel
1 Knoblauchzehe
50 g durchwachsener Speck
2 EL Öl
4 Tomaten
1/2 Lorbeerblatt
Basilikum
1 EL Mehl
1/4 l Fleischbrühe (eventuell Instant-Brühe)
1/8 l Weißwein
Salz
1 Prise Zucker
eventuell etwas süße Sahne
Petersilie

Die Zwiebel und die Knoblauchzehe schälen und feinhacken, den Speck in Würfel schneiden. Das Öl in einem Topf erhitzen und den Speck kurz anbraten. Zwiebel- und Knoblauchwürfel dazugeben und glasig werden lassen. Die Tomaten mit heißem Wasser übergießen, häuten, würfeln und die Stengelansätze herausschneiden. Die Tomatenwürfel in den Topf geben und 5 Minuten dünsten lassen. Lorbeerblatt und Basilikum dazugeben und mit Mehl bestäuben. Mit heißer Fleischbrühe und Wein auffüllen. Mit Salz und Zucker abschmecken und etwa 30 Minuten zugedeckt kochen. Die Suppe durch ein Sieb streichen und eventuell noch einmal abschmecken. Sahne nach Geschmack hineinrühren. Die Petersilie abspülen, trockentupfen und klein-schneiden. Die Suppe damit bestreuen.

Knoblauchsuppe

1 kleine Zwiebel
2 Knoblauchzehen
1 EL Butter
1 EL Mehl
1/4 l Geflügelfond (Fertigprodukt)
1 Eigelb
15 g geriebener Emmentaler
150 g Sahne
1/2 TL Salz
weißer Pfeffer
1 Schuß trockener Weißwein
1 Prise Muskatnuß
Petersilie

Zwiebel und Knoblauch schälen, kleinschneiden und in heißer Butter glasig dünsten. Mit Mehl bestäuben und anschwitzen. Mit dem Geflügelfond bei ständigem Rühren ablöschen und zugedeckt 5 Minuten kochen. Das Eigelb mit dem geriebenen Käse und der Sahne verrühren, in die Suppe geben und unter Rühren noch einmal erwärmen. Nicht kochen! Mit Salz, Pfeffer, Wein und Muskatnuß abschmecken. Die Suppe mit abgespülter, trockengetupfter und gehackter Petersilie bestreuen.

Ungarische Gulaschsuppe

200 g Rindfleisch (ohne Knochen)
2 EL Schweineschmalz
1 Zwiebel
1 Knoblauchzehe
Paprikapulver (rosenscharf)
1/2 l Fleischbrühe (eventuell Instant-Brühe)
Salz
schwarzer Pfeffer
Kümmel
Majoran
1 Kartoffel
1/2 rote Paprikaschote
1 Tomate
1 Peperonischote aus dem Glas
1/2 Tasse Rotwein

Das Rindfleisch waschen, trockentupfen und in kleine Würfel schneiden, dabei alle Sehnen und Häutchen entfernen. Schweineschmalz in einem Topf erhitzen und das Fleisch darin unter ständigem Wenden etwa 10 Minuten rösten. Zwiebel und Knoblauchzehe schälen und kleinschneiden. Zu dem Fleisch geben und noch etwa 5 Minuten braten. Mit Paprikapulver bestreuen und die vorbereitete Fleischbrühe angießen. Mit Salz, Pfeffer, Kümmel und Majoran gut würzen und zugedeckt bei schwacher Hitze etwa 45 Minuten kochen.

Die Kartoffel schälen, waschen und in kleine Würfel schneiden. Die Paprikaschote waschen, putzen und ebenfalls würfeln. Die Tomate mit kochendem Wasser überbrühen, häuten, entkernen, würfeln und den Stengelansatz herausschneiden. Die Peperonischote entkernen, kleinschneiden und mit den Kartoffel-, Paprika- und Tomatenwürfeln in die Suppe rühren. Weitere 25 Minuten bei schwacher Hitze kochen. Die Suppe vom Herd nehmen, noch einmal abschmecken und den Rotwein darunterrühren.

☞ Mit dieser feurigen Suppe kann man mehrere Fliegen mit einer Klappe schlagen: Sie kann als Vorspeise zu einem leichten Essen serviert werden oder eine kleine Mahlzeit ersetzen, eignet sich aber ebenso ideal als Mitternachtsuppe für langsam erschlaffende Gäste. Dann müssen nur die Mengenangaben erhöht werden.

Linseneintopf

Ein Leibgericht für alle, die eher Deftiges bevorzugen!

100 g Linsen
1/2 l Wasser
150 g Schweinebauch
2 EL Öl
1 Zwiebel
1/2 Bund Suppengrün
1 kleine Lauchstange
1/2 l heiße Fleischbrühe (eventuell Instant-Brühe)
Majoran
2 kleine Kartoffeln
1/2 Bund Petersilie
Salz
Cayennepfeffer

Die Linsen am Vorabend in einem Sieb unter fließendem Wasser abspülen. In einer Schüssel über Nacht im Wasser einweichen.
Am nächsten Tag den Schweinebauch in etwa 3 cm breite Würfel schneiden. Das Öl in einem Topf erhitzen und das Fleisch darin von allen Seiten kräftig anbraten. Die Zwiebel schälen und kleinschneiden. Das Suppengrün abspülen und hacken. Die Lauchstange waschen und in Ringe schneiden. Alles zu dem Fleisch geben und unter Rühren kurz mitbraten. Die Linsen mit dem Einweichwasser und die Fleischbrühe dazugeben. Mit Majoran würzen, aufkochen und zugedeckt bei mittlerer Hitze 90 Minuten köcheln.
Die Kartoffeln schälen, waschen, in Würfel schneiden und in den Topf geben. Weitere 30 Minuten kochen. Die Petersilie abspülen, feinhacken und darunterrühren. Linseneintopf mit Salz und Cayennepfeffer kräftig abschmecken.

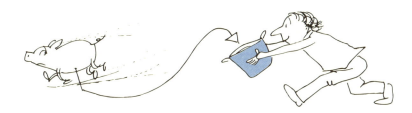

T-Bone-Steak

Das T-Bone-Steak stammt aus Amerika und wurde nach dem großen T-förmigen Knochen benannt. Es sollte etwa 500 g wiegen und ist so richtig zum Sattessen. Da bei uns ein Rinderrücken anders zerteilt wird, ist es in dem üblichen Sortiment des Fleischers nicht vorrätig. Vielleicht hilft da aber eine nette Bitte. Ansonsten kann man auch aus den USA importierte, tiefgekühlte T-Bone-Steaks kaufen.

1 T-Bone-Steak (500 g)
4 EL Öl
Salz
frisch gemahlener Pfeffer
1 EL Kräuterbutter (Fertigprodukt)

Das Steak kurz abspülen und trockentupfen. Das Öl in einer Pfanne erhitzen und das Steak darin auf jeder Seite etwa 10 Minuten braten. Mit Salz und Pfeffer würzen. Auf einem Teller anrichten und die Kräuterbutter auf das Fleisch geben.

☞ T-Bone-Steaks können auch auf einem Holzkohlengrill zubereitet werden. Dann werden sie vor dem Grillen kräftig gewürzt. Als Beilage schmeckt am besten frischer Salat (Rezept S. 83).

Rumpsteak Mirabeau

Dieses Steak widmete die klassische Küche dem Grafen Mirabeau, der als ein besonderer Feinschmecker galt. Und der Name verpflichtet!

1 Rumpsteak (180 g)
Salz
Pfeffer
2 EL Öl
2 Sardellenfilets
2 schwarze Oliven
1 EL Sardellenbutter (Fertigprodukt)

Den äußeren Fettrand des Rumpsteaks in Abständen von 1 cm einschneiden. Das Fleisch mit Salz und Pfeffer würzen und mit Öl bestreichen. Eine Grillpfanne erhitzen und das Steak darin von jeder Seite 4 Minuten grillen. Die Sardellenfilets mit kaltem

Wasser abspülen, abtropfen lassen und das Fleisch damit kreuzweise belegen. Die Oliven entkernen, halbieren und zwischen die Sardellenfilets legen. Das Steak mit Sardellenbutter reichen.

☞ Mit Pommes frites (TK-Produkt), frischem Salat (Rezept S. 83) und einem edlen Rotwein wird dieses Rezept gesellschaftsfähig und überzeugt selbst die verwöhntesten Gäste. Doch probieren Sie es zunächst selbst. Es lohnt sich!

Cowboy-Steak

Nicht nur Cowboys im „Wilden Westen" werden sich nach diesem pikanten Steak die Finger lecken.

1 Filetsteak (200 g)
2 EL Bourbon Whiskey
Salz
Pfeffer
abgeriebene Schale von 1/2 ungespritzten Zitrone
1 Prise Zucker
1 kleine Dose weiße Bohnen in Tomatensauce (Baked Beans)
1 EL Wasser
Majoran
3 EL Öl
2 Scheiben Frühstücksspeck

Das Steak kurz abspülen, trockentupfen und mit der Hand leicht klopfen. Whiskey, Salz, Pfeffer, Zitronenschale und Zucker in einer Schüssel verrühren. Das Steak in die Marinade legen und etwa 30 Minuten durchziehen lassen. Die Bohnen mit dem Wasser in einen Topf geben. Mit Pfeffer, Salz und Majoran würzen und langsam erwärmen.
Das Öl in einer Pfanne erhitzen und das Steak darin auf jeder Seite etwa 3 Minuten braten. Den Frühstücksspeck dazugeben und knusprig braten. Das Steak mit dem Speck und den Bohnen auf einem Teller anrichten.

Paprikakotelett

1 Schweinekotelett (150 g)
2 EL Öl
1 kleine Zwiebel
1/2 grüne Paprikaschote
1 Tomate
Salz
Pfeffer
Paprikapulver
Majoran

Das Kotelett kurz abspülen, trockentupfen und mit der Hand flachdrücken. Das Öl in einer Pfanne erhitzen. Das Kotelett in die Pfanne geben. Von beiden Seiten kurz anbraten, damit sich die Poren sofort schließen. Bei mittlerer Hitze auf jeder Seite 5 Minuten braten. Auf einem Teller anrichten und warm stellen.
Die Zwiebel schälen und fein würfeln. Die Paprikaschote putzen, waschen und in Streifen schneiden. Die Tomate mit kochendem Wasser übergießen, häuten, Stengelansatz herausschneiden und achteln. Das Gemüse in die Pfanne geben und zugedeckt etwa 15 Minuten dünsten. Mit Salz, Pfeffer, Paprikapulver und Majoran abschmecken. Das Kotelett pfeffern, salzen und das Gemüse darüber verteilen.

Schweinshaxe mit Sauerkraut

Die Zubereitung ist etwas komplizierter, aber wer deftige Hausmannskost liebt, wird die Mühe nicht bereuen.

1 Schweinshaxe (300 g)
Salz
Pfeffer
6 EL Schweineschmalz
1 Tasse heißes Wasser
1 Lorbeerblatt
2 Wacholderbeeren
1 Tasse Dunkelbier
1 TL Mehl
200 g Sauerkraut
1 kleine Zwiebel
Kümmel

Die Schweinshaxe gründlich waschen, trockentupfen und mit Salz und Pfeffer einreiben. 3 Eßlöffel Schweineschmalz in einem Brattopf erhitzen und die Haxe 10 Minuten von allen Seiten anbraten. 1/2 Tasse heißes Wasser zugießen. Das Lorbeerblatt und die zerdrückten Wacholderbeeren dazugeben.
Den Brattopf in den auf 200 Grad vorgeheizten Backofen schieben und 2 Stunden braten. Die Haxe zwischendurch immer wieder mit Dunkelbier bestreichen, damit die Schwarte knusprig wird.
Den Brattopf aus dem Backofen nehmen und die Haxe warm stellen. Das restliche Wasser und das Dunkelbier zu dem Bratfond geben, kurz aufkochen und durch ein Sieb in einen Topf gießen. Mehl und etwas Wasser in einer Tasse verquirlen und hineinrühren. Eventuell nachwürzen, etwa 5 Minuten kochen und gesondert als Sauce reichen.
Während des Bratens das Sauerkraut zubereiten. 3 Eßlöffel Schweineschmalz in einer Pfanne erhitzen. Die Zwiebel schälen, in kleine Würfel schneiden und in dem Schmalz andünsten. Sauerkraut mit 2 Gabeln locker auseinanderzupfen und dazugeben. Mit Salz, Pfeffer und etwas Kümmel würzen und zugedeckt bei milder Hitze etwa 45 Minuten dünsten.
Zusammen mit der Schweinshaxe auf einem Teller anrichten.

Fleisch in Zwiebelsauce

Der Trick dabei: Sie müssen nicht aufwendig rühren und abschmecken, die Sauce entstammt einer einfachen Tütensuppe.

200 g falsches Filet vom Rind
1 Zwiebel
1/2 Packung Zwiebelsuppe
75 ml Wasser
75 ml süße Sahne
Salz
Pfeffer

Das Filet kurz abspülen und trockentupfen. Die Zwiebel schälen und in dünne Scheiben schneiden. Die Zwiebelsuppe aus der Tüte mit Wasser und Sahne vermischen, Zwiebelscheiben dazugeben und alles aufkochen.
Das Fleisch mit Salz und Pfeffer einreiben und in einen Bräter geben. Die kochende Brühe darübergießen und zugedeckt im vorgeheizten Backofen bei 180 Grad 45 Minuten braten.

Irish Stew

Wer kennt dieses irische Gericht nicht? Doch nicht jeder weiß, daß es so einfach zuzubereiten ist.

> *200 g mageres Hammelfleisch*
> *4 Kartoffeln*
> *2 Zwiebeln*
> *Salz*
> *Pfeffer*
> *Thymian*
> *1 Lorbeerblatt*
> *¹/₄ l heiße Fleischbrühe (Instant-Brühe)*
> *Petersilie*

Das Fleisch waschen, trockentupfen und würfeln. Kartoffeln schälen, waschen und in Scheiben schneiden. Zuerst eine Lage Kartoffelscheiben, dann Fleisch und schließlich die in Scheiben geschnittene Zwiebel in einen Topf geben. Jede Schicht mit etwas Salz und Pfeffer bestreuen. Die Lagen wiederholen und mit Kartoffelscheiben abschließen. Mit etwas Thymian würzen und das Lorbeerblatt dazugeben. Die heiße Fleischbrühe aufgießen und zugedeckt bei milder Hitze etwa 1 Stunde garen. Petersilie hacken und darüberstreuen.

33

Chili con carne

Chili con carne ist ein Nationalgericht aus Mexiko und heißt übersetzt Chili mit Fleisch.

1 kleine Zwiebel
2 Knoblauchzehen
$1/2$ getrocknete Chilischote
1 Tomate
Öl
200 g gemischtes Hackfleisch
$1/4$ l Instant-Brühe
1 TL Tomatenmark
1 kleine Dose Kidneybohnen (rote Bohnen)
Salz
Pfeffer
Chilipulver
Cayennepfeffer
Oregano
gemahlener Kreuzkümmel

Zwiebel und Knoblauchzehen schälen und kleinschneiden. Die Chilischote kleinhacken. Die Tomate mit heißem Wasser überbrühen, häuten, würfeln und dabei den Stielansatz entfernen. Das Öl in einem Topf erhitzen und Zwiebel, Knoblauch und Chilischote darin andünsten. Das Hackfleisch dazugeben und unter ständigem Rühren kräftig anbraten. Die Brühe mit Tomatenmark aufgießen. Beim Aufkochen die Kidneybohnen und die gewürfelte Tomate zugeben, mit den Gewürzen kräftig abschmecken und 30 Minuten leise köcheln. Zwischendurch ab und zu umrühren.

Fisch auf Müllerin Art

Das Ausnehmen eines Fisches ist sicherlich nicht jedermanns Sache. Man kann das Problem leicht lösen, indem man diese Arbeit dem Fischhändler überläßt.

1 ganzer Fisch (Scholle, Schlei oder Forelle)
½ Zitrone
Salz
Pfeffer
1 EL Mehl
5 EL Butter
Petersilie

Den Fisch waschen. Den Bauch mit einem scharfen Messer aufschneiden und sauber ausnehmen. Den am inneren Rückgrat sitzenden dunklen Streifen auskratzen. Die Rücken- und Schwanzflossen bis auf 1 cm abschneiden. Kauft man einen küchenfertig zubereiteten Fisch oder ein Fischfilet, entfällt diese Arbeit natürlich.
Den Fisch innen und außen unter kaltem Wasser abspülen und trockentupfen. Mit Zitronensaft beträufeln. Innen und außen mit Salz und Pfeffer würzen, dann in Mehl wenden. 3 Eßlöffel Butter in einer Pfanne erhitzen und den Fisch darin auf jeder Seite 5–10 Minuten braten. Aus der Pfanne nehmen und warm stellen.
Die Petersilie abspülen, hacken und mit der restlichen Butter in einer Pfanne erhitzen. Den Fisch auf einem Teller anrichten und die Petersilienbutter darübergießen. Mit Zitronenscheiben und Petersiliensträußchen garnieren.

☞   Dieses klassische Fischgericht wird gern mit Petersilienkartoffeln gereicht. Dazu werden kleine neue Kartoffeln (etwa 200 g pro Person) gewaschen, geschält und in Salzwasser gekocht, mit geschmolzener Butter begossen und mit gehackter Petersilie bestreut.

Hähnchen mit Rosmarin

1 Hähnchenkeule
Kräutersalz
Pfeffer
1 Zitronenscheibe (ungespritzt)
1 Rosmarinzweig
2 EL Olivenöl
150 ml Weißwein

Die Hähnchenkeule abspülen und trockentupfen. Mit Kräutersalz und Pfeffer von allen Seiten würzen. Die Haut anschneiden, die Zitronenscheibe darunterschieben und mit Holzspießchen feststecken. Den Rosmarin waschen und trockentupfen. Die Nadeln von dem Stengel abstreifen, feinhacken und die Keule damit einreiben. Das Öl in einer feuerfesten Form erhitzen und die Keule darin von allen Seiten anbraten. Im vorgeheizten Backofen bei 180 Grad 35 Minuten braten. Das Holzspießchen entfernen und die Zitronenscheibe herausnehmen. Die Keule auf einer Platte warmhalten. Den Wein zu dem Bratenfond gießen, kräftig umrühren und durchkochen. Die Sauce getrennt servieren.

Ratatouille

1 Zwiebel
1 Knoblauchzehe
2 EL Olivenöl
1 kleine Aubergine
1 kleine Zucchini
1 Fleischtomate
1 grüne Paprikaschote
Salz
Pfeffer
$^{1}/_{2}$ Tasse Wasser
frischer Thymian
Rosmarin und Basilikum

Zwiebel und Knoblauch schälen, kleinschneiden und im heißen Öl andünsten. Aubergine, Zucchini und Tomate in Würfel, Paprika in Streifen schneiden und alles zusammen kurz anbraten. Salzen, pfeffern und mit Wasser aufgießen. Im geschlossenen Topf 30 Minuten schmoren lassen. Feingehackte Kräuter zugeben und nochmals mit Salz und Pfeffer abschmecken.

☞ Diese äußerst vitaminreiche Spezialität der Mittelmeerküche schmeckt gut zum Türkischen Hackbraten (Rezept S. 115), Hähnchen mit Rosmarin (Rezept links) oder gegrilltem Fleisch. Mit Kartoffeln oder Nudeln ein vollwertiges vegetarisches Gericht.

Muscheln in Weißwein

400 g frische Miesmuscheln
1/2 Bund Suppengrün
1 kleine Zwiebel
1/8 l Weißwein
1 EL Butter
Salz
Pfeffer
Petersilie

Die Muscheln unter fließendem Wasser gründlich bürsten und die Fäden entfernen. Geöffnete Muscheln wegwerfen. Das Suppengrün putzen, waschen und in Stücke schneiden. Die Zwiebel schälen und feinhacken.
Den Weißwein mit Suppengrün und Zwiebel in einem Topf zum Kochen bringen. Die Muscheln hineingeben und zugedeckt ca. 6 Minuten kochen, bis sich die Schalen geöffnet haben. Den Topf dabei ab und zu rütteln, damit die Muscheln gleichmäßig gar werden. Mit einem Schaumlöffel aus dem Sud nehmen und warm stellen. Nicht geöffnete Muscheln wegwerfen.
Den Sud in einen anderen Topf sieben. Die Butter dazugeben und erhitzen. Mit Salz und Pfeffer abschmecken. Die Petersilie waschen, trockentupfen und feinhacken. Den Sud über die Muscheln gießen und die Petersilie darüberstreuen.

☞ Mit frischem Stangenweißbrot und trockenem Landwein servieren.

Thunfischauflauf

¹/₂ Dose Thunfisch in Öl
1 kleine Zwiebel
1 EL Öl
3 Scheiben Toastbrot
1 Tomate
etwas Margarine und Semmelbrösel
¹/₈ l Milch
1 Ei
1 EL Sojasauce
Salz
Pfeffer
Paprika
1 TL gehackte Petersilie
1 TL gehackter Schnittlauch
8 mit Paprika gefüllte Oliven

Den Thunfisch auf einem Sieb gut abtropfen lassen, danach in grobe Stücke zerteilen. Die Zwiebel schälen, in Ringe schneiden und in heißem Öl andünsten. Die Toastbrotscheiben in Dreiecke teilen. Die Tomate mit heißem Wasser überbrühen, häuten und achteln, dabei das Kerngehäuse entfernen. Toast, Tomaten, Thunfisch und Zwiebelringe in eine gefettete, mit Semmelbröseln ausgestreute, feuerfeste Form einschichten.

Milch, Ei, Sojasauce, Salz, Pfeffer, Paprika und Kräuter gut verrühren, kräftig abschmecken und über den Auflauf gießen. Mit halbierten Oliven garnieren und im vorgeheizten Backofen bei 170 Grad etwa 20 Minuten überbacken.

Grünkohl mit Kartoffeln

150 g Grünkohl
25 g Räucherspeck
100 g Kartoffeln
1 Gewürznelke
Salz
Pfeffer

Beim Grünkohl den Mittelstrang entfernen. Die Blätter waschen, im heißen Wasser kurz durchziehen lassen und im Mixer pürieren. Den Speck würfeln und in einem Topf auslassen. Die Kartoffeln waschen, schälen, in Scheiben schneiden und zum Speck geben. Knapp mit Wasser bedeckt zum Kochen bringen. Den Kohl und die Gewürznelke dazugeben, salzen, pfeffern und auf kleiner Flamme 40 Minuten garen.

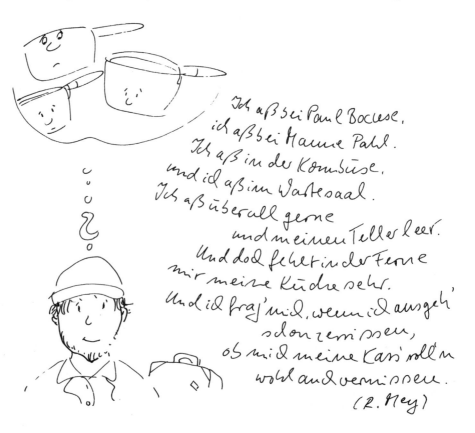

Ich aß bei Paul Bocuse,
ich aß bei Mamie Pahl.
Ich aß in der Kombüse,
und ich aß im Wartesaal.
Ich aß überall gerne
und meinen Teller leer.
Und doch fehlet in der Ferne
mir meine Küche sehr.
Und ich frag' mich, wenn ich ausgeh'
schon zerrissen,
ob mich meine Kasserolln
wohl auch vermissen.
(R. Mey)

Rosenkohl-Nudelauflauf

150 g Rosenkohl
1/4 l Salzwasser
100 g Penne rigate (dicke Röhrennudeln)
1 l Salzwasser
100 g Fleischwurst
1 kleine Zwiebel
15 g Butter
10 g Mehl
1/8 l Milch
50 g geriebener Goudakäse
Salz
weißer Pfeffer
2 Stengel Petersilie

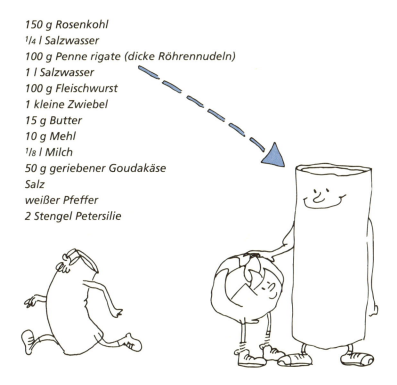

Den Rosenkohl putzen, waschen, halbieren und im kochenden Salzwasser 20 Minuten garen. Abgießen und in einem Sieb abtropfen lassen. Das Gemüsewasser behalten. Die Nudeln im kochenden Salzwasser 10 Minuten garen, kurz mit kaltem Wasser abschrecken und abtropfen lassen.

Die Fleischwurst aus der Haut lösen und in Scheiben schneiden. Die Zwiebel schälen und würfeln. Die Butter in einem Topf erhitzen und die Zwiebel darin glasig anbraten. Mit Mehl bestäuben und anschwitzen. Rosenkohlwasser und Milch unter Rühren dazugeben, erst aufkochen und dann bei schwacher Hitze 5 Minuten köcheln lassen. Die Hälfte von dem geriebenen Käse hineinrühren und zum Schmelzen bringen. Mit Salz und Pfeffer abschmecken.

Den Rosenkohl, die Nudeln und die Fleischwurstscheiben in eine Auflaufform geben und mit der Sauce gleichmäßig übergießen. Mit dem restlichen Käse bestreuen und im vorgeheizten Backofen bei 200 Grad etwa 30 Minuten überbacken. Petersilie waschen, trockentupfen, kleinhacken und über den Auflauf streuen.

Für kleine Esser

D u, Papa, das mag ich aber nicht", äußert plötzlich der unter Ihrer Obhut weilende Zögling. Der Schweiß bricht langsam aus, und man erinnert sich an zeitraubende und nicht immer erfolgreiche Methoden: ein Löffelchen für Mama, ein Löffelchen für Onkel Paul ...

Wenn Sie diesen Streß auf ein Minimum reduzieren wollen, dann denken Sie daran: Kinder mögen meist etwas Handfestes und noch lieber eine Menge Süßes. Dieses Kapitel konzentriert sich auf Gerichte, die Ihre Sprößlinge begeistern werden. Auch bei den übrigen Rezepten Ihrer Männerwirtschaft finden Sie vieles, das dem Geschmack kleiner Esser zusagt.

Die folgenden Rezepte sind für 2 Personen berechnet, wenn nicht anders angegeben.

Überbackene Käseschnitten

4 Scheiben Mischbrot
50 ml Hühnerbrühe (Instant)
4 Scheiben Emmentaler Käse
2 Eier
100 ml Milch
Salz, frisch gemahlener Pfeffer
Muskat
Butter
1 Bund Schnittlauch

Die Brotscheiben mit der Hühnersuppe beträufeln und mit je 1 Käsescheibe belegen. Eier und Milch verquirlen und mit Salz, Pfeffer und etwas Muskat würzen. Die belegten Brotscheiben dachziegelartig in eine gefettete, feuerfeste Form legen. Eiermischung darübergießen. Form in den Backofen schieben und bei 220 Grad 15–20 Minuten backen. Mit gehacktem Schnittlauch bestreut servieren.

☞ Dazu paßt ein grüner Salat (Rezept S. 83).

Wiener Schnitzel

„Was man nicht kennt, das mag man nicht", lautet häufig nicht nur bei Kindern die Devise. Bei Wiener Schnitzel brauchen Sie sich keine Sorgen zu machen, es findet sich kaum ein Gericht mit einem größeren Bekanntheitsgrad.

3 Kalbsschnitzel von 150 g
Salz
3 EL Mehl
2 Eier
3 EL Semmelbrösel
4 EL Butter
3 Zitronenscheiben
Petersilie

Die Schnitzel kurz abspülen, trockentupfen, breitklopfen und von beiden Seiten salzen. Zuerst in Mehl, dann in den verquirlten Eiern und zuletzt in den Semmelbröseln wenden. Die Butter in einer Pfanne erhitzen und das Fleisch auf jeder Seite etwa 5 Minuten braten. Auf einem Teller anrichten und mit der Zitronenscheibe und abgespülten Petersiliensträußchen garnieren.

☞ Servieren Sie Kartoffelsalat (Rezept S. 107) dazu, und Sie haben dieses Gericht sicherlich nicht zum letzten Mal zubereitet.

Nudelauflauf

150 g Nudeln
1 1/2 l Salzwasser
20 g Butter
1 EL Mehl
1/8 l heißes Wasser
100 g geriebener Käse
2 Eigelb
2 Eiweiß
Butter zum Einfetten und für die Butterflöckchen

Die Nudeln in kochendes Salzwasser geben und in etwa 10 Minuten bißfest kochen. Auf einem Sieb abschrecken und abtropfen lassen. Die Butter in einem Topf erhitzen, mit dem Mehl verrühren und langsam das Wasser hinzufügen. Ca. 5 Minuten kochen lassen und mit 3/4 von dem geriebenen Käse vermischen. Die Eigelbe dazugeben und verquirlen. Die Nudeln mit der Sauce vermengen. Eiweiß steif schlagen und unterheben. Eine feuerfeste Form mit etwas Butter einfetten und die Nudeln hineingeben. Mit dem Rest des geriebenen Käses bestreuen und einige Butterflöckchen daraufsetzen. Im vorgeheizten Backofen bei 200 Grad ca. 20 Minuten backen.

Reibekuchen

Mit Reibekuchen ist bei Kindern der Erfolg vorprogrammiert. Da kann es sogar passieren, daß man selbst nicht zum Essen kommt.

600 g Kartoffeln
3 Eier
2 Zwiebeln
2 EL Mehl
2 TL Salz
1/2 Tasse Öl

Die Kartoffeln schälen und sofort in kaltes Wasser legen, damit sie sich nicht verfärben. Die aufgeschlagenen Eier in einer Schüssel verquirlen. Die Zwiebeln schälen, reiben und zu den Eiern geben. Mehl und Salz unterrühren. Die Kartoffeln mit Küchenpapier trockentupfen und auf einer Reibe grob reiben. Die Flüssigkeit, die sich gebildet hat, abgießen und die Kartoffeln sofort mit der Eiermasse vermischen. Das Öl in einer Pfanne erhitzen. Jeweils 1 gehäuften Eßlöffel Teig in die Pfanne geben und zu möglichst dünnen Fladen glattstreichen. Bei mittlerer Hitze auf jeder Seite etwa 3 Minuten goldbraun backen. Warm stellen und weitere Reibekuchen backen, bis der Teig verbraucht ist.

☞ Als Beilage Apfelmus reichen.

Pfannkuchen
Eierkuchen

Für Pfannkuchen gilt das Gleiche wie für Reibekuchen: Auch sie sind ein sicherer Renner. Zusätzlich hat man unzählige Variationsmöglichkeiten. Sie können ruhig die doppelte Menge nehmen; die 6–8 Pfannkuchen, die daraus entstehen, gehen bestimmt weg wie warme Semmeln.

Grundrezept:
3 Eier
1/2 l Milch
1 Prise Salz
250 g Mehl
Öl für die Pfanne

Eier, Milch und Salz in einer Schüssel verquirlen. Das Mehl nach und nach dazugeben und zu einem geschmeidigen Teig verrühren. Den Teig etwa 20 Minuten ruhen lassen. 2 Eßlöffel Öl in einer Pfanne erhitzen und 1 Schöpflöffel Teig hineingeben. Von beiden Seiten goldgelb backen. Wieder Öl in die Pfanne geben und weitere Pfannkuchen backen, bis der Teig verbraucht ist.

☞ Pfannkuchen mit Zimt-Zucker bestreuen oder mit Kompott oder süßem Sirup servieren.

☞ Pfannkuchen können auch mit Obst wie Aprikosen, Himbeeren, Blaubeeren, Kirschen, Johannisbeeren oder Äpfeln belegt werden. Dazu den Teig in der Pfanne stocken lassen und das Obst darauf verteilen. Mit zerbröckeltem Zwieback bestreuen und vorsichtig wenden. Zu Ende backen und mit Zucker bestreuen.

Spinatpfannkuchen à la Popeye

Schmeckt groß und klein und gibt Riesenkräfte.

Pfannkuchen nach dem Grundrezept (Rezept S. 46)
2 EL Butter
300 g tiefgekühlter Spinat
Salz
1 EL geriebener Käse

Die Pfannkuchen nach dem Grundrezept backen und warm stellen. Die Butter in einem Topf zerlassen und den Spinat hineingeben. Bei schwacher Hitze auftauen lassen. Mit Salz abschmecken. Den Käse dazugeben und unter häufigem Rühren dünsten, bis der Käse geschmolzen ist. Pfannkuchen mit Spinat füllen und zusammenrollen.

☞ Den Spinat in etwas Butter auftauen lassen und mit dem Pfannkuchenteig mischen. Aber nur soviel Milch nehmen, daß ein geschmeidiger Teig entsteht. Die Pfannkuchen wie beschrieben backen.

Tomatenreis

Mit Reis lassen sich schnelle und leckere Speisen zaubern. Wenn Ihr Nachwuchs Tomaten und Reis mag, steht dem folgenden Rezept nichts im Wege.

200 g Reis
3/4 l Fleischbrühe (Instant-Brühe)
6 Tomaten (300 g)
Salz
Pfeffer
etwas Butter

Den Reis waschen und abtropfen lassen. Die Fleischbrühe in einem Topf zum Kochen bringen. Den Reis hineingeben und aufkochen lassen. Die Tomaten mit heißem Wasser überbrühen, häuten, würfeln und die Stengelansätze entfernen. Zum Reis geben und zugedeckt bei milder Hitze etwa 20 Minuten garen, bis der Reis die Flüssigkeit aufgesogen hat. Mit Salz und Pfeffer abschmecken und die Butterflöckchen darauf verteilen.

☞ Zusätzlich kleingewürfelte Paprika oder Champignons in den Reis geben.

☞ Mit Bratwürstchen oder Paprikakotelett (Rezepte S. 30) servieren.

Hot Dogs

Diese Hot-Dog-Variante stammt aus Dänemark.

6 Frankfurter Würstchen
6 lange Milchbrötchen
2 EL milder Senf
3 EL Tomatenketchup
3 EL Remouladensauce (Fertigprodukt)
Röstzwiebeln (Fertigprodukt)

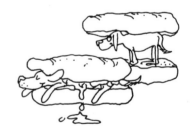

Die Würstchen 10 Minuten in heißem Wasser ziehen und dann abtropfen lassen. Die Brötchen aufschneiden, die Würstchen hineinlegen und erst mit Senf, dann dick mit Tomatenketchup und zum Schluß mit Remouladensauce bestreichen. Mit Röstzwiebeln bestreuen, zuklappen – und fertig ist die leckere Mahlzeit.

Rote Grütze

Eine herrliche Erfrischung im Sommer!

300 g rote Johannisbeeren
150 g schwarze Johannisbeeren
150 g Sauerkirschen
250 g Himbeeren
1 l Wasser
200 g Zucker
60 g Speisestärke

Die Johannisbeeren waschen und die Stiele entfernen. Zusammen mit den gewaschenen Sauerkirschen und Himbeeren so lange kochen, bis die Früchte leicht zerfallen. Durch ein Sieb passieren. Den aufgefangenen Fruchtbrei aufkochen und den Zucker dazugeben.
Die Speisestärke mit kaltem Wasser verrühren und den Saft damit unter Rühren binden. Eine Puddingform oder Schüssel mit kaltem Wasser ausspülen, die Grütze hineingeben und erkalten lassen. Stürzen und mit Schlagsahne oder Vanillesauce (Rezept S. 50) servieren.

Der Zucker ist ja wohl total raffiniert!

Grüne Grütze
Stachelbeergrütze

700 g Stachelbeeren
1 l Wasser
200 g Zucker
3 EL Zitronensaft
60 g Speisestärke

Die Stachelbeeren waschen, putzen und in dem Wasser weich kochen. Durch ein Sieb streichen. Das aufgefangene Fruchtmus mit Zucker und Zitronensaft aufkochen. Die Speisestärke mit etwas kaltem Wasser verrühren und den Saft damit binden. Die weitere Zubereitung ist wie bei der roten Grütze (Rezept oben).

Schokoladenpudding mit Vanillesauce

1 Päckchen Schokoladenpudding
1/2 l Milch
6 EL Zucker
1/8 l süße Sahne
2 Eigelb
1 Päckchen Vanillinzucker

Den Pudding mit Milch und 4 Eßlöffeln Zucker nach der Gebrauchsanweisung auf dem Päckchen zubereiten. Eine Puddingform oder Schüssel mit kaltem Wasser ausspülen, den Pudding hineinfüllen und fest werden lassen. Die Sahne steif schlagen. Eigelb mit 2 Eßlöffeln Zucker und Vanillinzucker schaumig schlagen und mit der Sahne vermischen. Den Pudding stürzen und mit der Vanillesauce übergießen.

☞ Besonders Eilige können kalt gerührte Vanillesauce aus der Packung nehmen.

Götterspeise

700 g Preiselbeeren
1 l Wasser
200 g Zucker
Saft von 1 Zitrone
8 Scheiben Pumpernickel
1/2 l süße Sahne
1 Päckchen Vanillinzucker

Die Preiselbeeren waschen und putzen. In dem Wasser mit Zucker und Zitronensaft etwa 20 Minuten kochen, bis ein Teil der Flüssigkeit verdampft ist. Abkühlen lassen. Die Pumpernickelscheiben zwischen den Fingern fein zerkrümeln. Die Sahne mit dem Vanillinzucker steif schlagen. Glasschalen oder Dessertgläser schichtweise mit Pumpernickelkrumen, Preiselbeeren mit etwas Saft und Schlagsahne füllen. Mit Sahne abschließen und etwa 60 Minuten im Kühlschrank kalt stellen.

☞ Statt frischer Preiselbeeren können Sie Preiselbeerkonfitüre nehmen. Diese wird dann direkt mit Schlagsahne und Pumpernickel geschichtet.

Süßer Quark

Quark läßt sich herrlich variieren und ist außerdem sooo gesund. Speisequark ist wohl der gebräuchlichste. Wer nicht auf Kalorien achtet, kann den fetthaltigeren Sahnequark verwenden.

Orangenquark

2 Orangen
300 g Speisequark
2 EL Zucker
1 TL Zitronensaft
4 EL süße Sahne

Die Orangen schälen, in Würfel schneiden und entkernen. Mit Quark, Zucker, Zitronensaft und Sahne in einer Schüssel mischen.

Bananenquark

300 g Speisequark
3 EL Puderzucker
1 TL Honig
4 EL süße Sahne
1 TL Zitronensaft
3 Bananen

Den Quark mit Zucker, Honig, Sahne und Zitronensaft in einer Schüssel verrühren. Die Bananen in Scheiben schneiden und mit dem Quark vermischen.

☞ Süßer Quark läßt sich ebensogut mit anderen Früchten wie Erdbeeren, Melone, Sauerkirschen, Ananas, Pfirsichen oder Beeren zubereiten. Väter können sich ihn zur Belohnung mit einem Schnapsgläschen Cognac oder Rum verfeinern.

Obstkuchen

Von Kuchen können Kinder üblicherweise eine enorme Menge verdrücken. Doch meist traut sich ein Laie an diesen vermeintlichen Inbegriff von Kochkunst nicht heran. Keine Panik, die folgenden Rezepte sind wirklich kinderleicht.

1 fertig gekaufter Biskuit-Tortenboden
700 g frisches Obst oder Obst aus der Dose
(Pflaumen, Erdbeeren, Birnen, Pfirsiche usw.)
1 Päckchen klarer Tortenguß

Den Tortenboden auf eine Tortenplatte geben. Das Obst waschen, putzen und trockentupfen. Eventuell zerkleinern und den Tortenboden damit belegen. Falls man Obst aus der Dose nimmt, entfällt das Waschen und Putzen, die Früchte müssen aber gut abtropfen. Tortenguß nach der Vorschrift auf der Packung zubereiten, über das Obst gießen und fest werden lassen.

☞ Mit viel Schlagsahne reichen.

Eistorte

100 g Butter
200 g Zucker
100 g Cornflakes
50 g gemahlene Haselnüsse
50 g Kokosraspel
3 EL Milch
2 Packungen Mandarineneis
1/4 l Sahne
2 Kiwis
1/2 Dose (60 g) Mandarinenspalten
8 Walnußhälften

gezeichnet von gülsah, 11 J

Das Fett im Topf zerlassen. Zucker, zerdrückte Cornflakes, Haselnüsse und Kokos-raspel unterrühren. Die Milch zufügen. Die Hälfte der Masse in eine mit Alufolie ausgelegte Springform (24 cm) füllen und fest andrücken. Das Eis in Scheiben schnei-den und darauflegen. Die restliche Cornflakemasse darübergeben und festdrücken. Die Torte ins Gefrierfach stellen und 1/2 Stunde vor dem Servieren herausnehmen. Die Sahne steif schlagen. Die Kiwis schälen und in Scheiben schneiden. Die Mandarinen abtropfen lassen. Auf die Torte einen Sahnerand spritzen. Mit Kiwischeiben, Manda-rinenscheiben und Walnüssen verzieren.

Kekskuchen «Kalte Schnauze»

Kein Kuchen der Welt ist wohl schneller zubereitet.

300 g Kokosfett
2 Eier
200 g Puderzucker
60 g Kakao
4 EL Orangensaft
8 EL heißes Wasser
300 g Butterkekse
40 g Mandelsplitter

Das Fett in einer Pfanne zerlassen. Die Eier mit Puderzucker und Kakao in einer Schüssel schaumig rühren. Das abgekühlte, aber noch flüssige Fett nach und nach untermischen. Orangensaft und heißes Wasser hineinrühren. Eine Kastenform (25 cm lang) mit Alufolie auslegen. Den Boden der Form mit Keksen auslegen und die Folie rundherum hochbiegen. Die Kekse mit etwas Kakaomasse bestreichen und dann abwechselnd Kekse und Kakaomasse schichten. Die oberste Kakaoschicht mit Mandelsplittern bestreuen. Den Kekskuchen in den Kühlschrank stellen und 2 Stunden durchkühlen lassen. Vorsichtig aus der Alufolie herausnehmen, auf eine Platte legen und in dünne Scheiben schneiden.

Bananenshake
für 4 Personen

1/2 l Milch
2 Bananen
4 EL Sahne
1 Spritzer Zitronensaft
2 EL Zucker
4 EL Vanilleeis

Alle Zutaten im Mixer gut durchmischen und in Bechergläser geben. Mit Trinkhalm servieren.

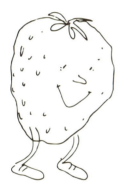

Erdbeershake
für 4 Personen

8 EL frische Erdbeeren
1/2 l Milch
10 EL Puderzucker
4 EL Erdbeereis

Die Erdbeeren waschen, putzen und trockentupfen.
Mit den restlichen Zutaten im Mixer gut durchmischen. In Bechergläser geben und mit Trinkhalm servieren.

☞ Die Milch-Mixgetränke können auch mit anderen Obstsorten wie Orangen, Himbeeren oder Johannisbeeren zubereitet werden.

Kinderparty

Nicht nur die Großen lieben Feste. Plötzlich ist es dann soweit: Ihr Sprößling steht kurz vor seinem Geburtstag, den er unbedingt mit seinen eigenen Gästen feiern möchte. Die Sache hat allerdings einen Haken. Die Vorbereitung fällt den Großen – also Ihnen – zu. Glücklicherweise sind Kinder meist ziemlich unkritische und daher wenig anspruchsvolle Gäste. Hauptsache sie können sich austoben und ihren Hunger und Durst stillen.

Wenn Sie Ihre Wohnung hinterher nicht mit einem Schlachtfeld vergleichen wollen, räumen Sie alles Wertvolle, Zerbrechliche und Platzraubende aus dem Zimmer. Sie können zum Beispiel die Sitzgruppe mit Decken oder Tüchern einhüllen, dann dürfen die kleinen Partygäste ruhig mit Schuhen darauf herumspringen. Falls Sie einen empfindlichen Teppich besitzen, sollten Sie Packpapier auf dem Boden befestigen. Denken Sie sich vielleicht zusammen mit dem Geburtstagskind ein Thema aus, wie z. B. Piratenspiel, und dekorieren Sie das Zimmer entsprechend.

Der Sorge für das leibliche Wohl entkommen Sie, indem Sie zunächst Kuchen präsentieren. Obstkuchen (Rezept S. 52), Eistorte (Rezept S. 53) und Kalte Schnauze (Rezept S. 54) mögen sowohl Piraten als auch Indianer gern.

Hinterher, wenn der Hunger wiederkommt, können Sie Kartoffelsalat (Rezept S. 107) und heiße Würstchen bereithalten.

Außer der immer beliebten Limonade können Sie auch Mixgetränke wie Bananenshake (Rezept S. 55) oder Erdbeershake (Rezept S. 55) servieren. Wenn der gekaufte Limonadenvorrat ausgehen sollte, können Sie selbst welche herstellen, indem Sie den Saft von 6 Zitronen, 1 l kaltes Wasser und 225 g Zucker miteinander vermischen und für kurze Zeit in den Kühlschrank stellen. Das schmeckt herrlich erfrischend und eignet sich nicht nur für ein Kinderfest.

Romantisches Tête-à-tête

Eine Einladung ins Restaurant ist sicher nicht zu verachten. Doch manchmal ist ein gemütliches Essen zu zweit in den eigenen vier Wänden vorzuziehen. Außerdem können Sie dann ihre Fähigkeiten unter Beweis stellen.

Da sich die romantische Stimmung nicht unbedingt von selbst einstellt, sollten Sie lieber etwas nachhelfen. Eine nette Tischdekoration wirkt manchmal Wunder, und die Mittel sind sehr einfach: eine hübsche Tischdecke, ein paar Kerzen und ein frischer Blumenstrauß erzielen schon große Effekte. Wenn möglich, stimmen Sie die Farben aufeinander ab!

Hier einige Rezeptvorschläge, die nicht ohne spürbaren Erfolg bleiben dürften.

Die folgenden Rezepte sind für 2 Personen berechnet.

Wie oft gingen die Wogen hoch zwischen uns Zwei'n,
da sind Teller geflogen
– ach, wie kann sowas befrei'n.
Was haben wir
gestritten,
was haben wir
versiebt,
und uns danach inmitten
der Ruinen doch geliebt!
Wieviel Tränen haben wir beide vergossen
und Sektkorken in die Decke geschossen!
(R. Mey)

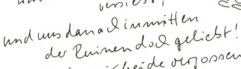

Ein vielversprechender Start

Melone mit Portwein

1 Honigmelone
Portwein

Die Melone halbieren und die Kerne entfernen. In die entstandene Mulde Portwein nach Geschmack gießen. Mit Genuß „auslöffeln".

Gefüllte Avocados

1 Avocado
100 g Krabben aus der Dose
Öl
Salz
Pfeffer
Zitronensaft
4 EL Mayonnaise
1/2 TL Senf
1 TL Sherry
1 EL geschlagene Sahne
1 TL Tomatenketchup

Die Avocado längs halbieren und den Kern herauslösen. Das Fruchtfleisch mit einem kleinen Löffel vorsichtig aus der Schale lösen und würfeln. Die Krabben in einem Sieb kurz mit kaltem Wasser abspülen, abtropfen lassen und mit dem Avocadofleisch mischen. Aus Öl, Salz, Pfeffer und etwas Zitronensaft eine Marinade zubereiten und darübergießen. Kalt stellen.
Die Mayonnaise mit Senf, Sherry, Sahne und Tomatenketchup verrühren. Abschmecken, mit den Krabben mischen und in die Avocadoschalen füllen.

Truthahnpastetchen mit Roquefort

250 g Blattspinat
400 g Truthahnfilet
1 Zwiebel
4 Königinnen-Pastetchen (je 25 g, Fertigprodukt)
40 g Butterschmalz
100 g Roquefort
1 EL süße Sahne
Salz
weißer Pfeffer
geriebene Muskatnuß
Petersilie

Den Spinat putzen, waschen, blanchieren und aus dem Wasser herausnehmen. Das Fleisch abspülen, trockentupfen und in kleine Würfel schneiden. Die Zwiebel schälen und fein würfeln. Die Pastetchen im vorgeheizten Backofen bei 200 Grad etwa 10 Minuten aufbacken. Den Deckel abschneiden und zur Seite legen.
Die Zwiebelwürfel im erhitzten Butterschmalz glasig andünsten und dann die Fleischwürfel anbraten. Spinat hinzufügen und zusammenfallen lassen. Den zerbröckelten Käse darin schmelzen, die Sahne unterheben und umrühren. Mit Salz, Pfeffer und Muskatnuß abschmecken und das Ragout in die Pastetchen füllen. Mit Petersilie garnieren und den Deckel daraufsetzen.

Artischocken mit Vinaigrettesauce

Artischocken sind lecker, appetitanregend und gesund. Außerdem sind sie schnell und leicht zuzubereiten. Statt Vinaigrettesauce können Sie auch Knoblauchsauce servieren (Rezept Seite 63).

2 Artischocken
Zitronensaft
1 l Salzwasser
6 EL Olivenöl
2 EL Weinessig
Salz
Pfeffer
1 TL Senf
Petersilie
Schnittlauch
Kerbel
Estragon

kleines
Mode-ABC: Frack   Smokingjacke   Smoking
                                  + Jeans   (ohne
                                                        Bügelfalte)

Die Artischocken gut waschen und abtrocknen. Den Stiel abschneiden und die Schnittstellen mit Zitronensaft einreiben, damit sie nicht braun werden. Salzwasser in einem Topf zum Kochen bringen und die Artischocken je nach Größe 30–45 Minuten kochen. Aus dem Wasser nehmen und mit der Schnittstelle nach oben abtropfen lassen.
Olivenöl, Essig, Salz, Pfeffer und Senf in einer Schüssel zu einer Vinaigrette verrühren. Die Kräuter abspülen, trockentupfen, feinhacken und mit der Sauce mischen.

Knoblauchsauce

4 Knoblauchzehen
Salz
2 Eigelb
6 EL Olivenöl
1 EL lauwarmes Wasser
etwas Zitronensaft
weißer Pfeffer

Den geschälten Knoblauch pressen und mit Salz vermischen. Eigelb unterrühren und das Öl tropfenweise hineinrühren. Sobald die Sauce dickcremig ist, nach und nach das Wasser und etwas Zitronensaft unterheben. Die Sauce mit Pfeffer abschmecken und getrennt zu den abgetropften, abgekühlten Artischocken reichen.

☞ Artischocken schmecken warm genauso gut wie kalt und werden folgendermaßen gegessen: Blatt für Blatt lösen, in die Sauce tunken und das Fruchtfleisch aus den Blättern saugen. Sind alle Blätter weggezupft, stößt man an die haarigen Blütenfäden. Dieses sogenannte „Heu" restlos entfernen. Den besonders zarten Artischockenboden mit Messer und Gabel verspeisen.

Schwedisches Hummerfrikassee

100 g frische Champignons
$1/2$ TL Zitronensaft
1 Dose Hummerfleisch
$1/8$ l heiße Fleischbrühe (Würfel)
20 g Butter
15 g Mehl
4 EL Sahne
1 EL trockener Sherry
Salz
weißer Pfeffer
Margarine zum Einfetten
2 EL Semmelbrösel
1 EL geriebener Emmentaler
20 g Butter

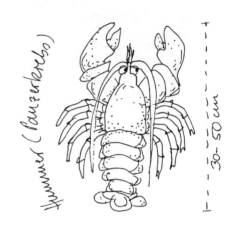

Die Champignons putzen, waschen, abtropfen lassen und in dünne Scheiben schneiden. Mit Zitronensaft beträufeln. Das Hummerfleisch abtropfen lassen und die Flüssigkeit aus der Dose mit der Fleischbrühe vermischen. Die Butter in einem Topf erhitzen. Die Champignons darin 4 Minuten braten und mit Mehl bestäuben. Unter Rühren 3 Minuten durchschwitzen lassen. Die Brühe angießen und 5 Minuten sanft köcheln. Den Topf vom Herd nehmen.

Die Sahne mit Sherry verquirlen und in die Sauce rühren. Mit Salz und Pfeffer abschmecken. Das Hummerfleisch zerpflücken und in die Sauce geben. Erhitzen, aber nicht mehr kochen.

Jacobsmuschelschalen oder kleine, flache, feuerfeste Förmchen mit Margarine einfetten und das Frikassee hineingeben. Die Semmelbrösel mit Käse vermischen und über das Frikassee streuen. Butterflöckchen darauf verteilen und im vorgeheizten Backofen bei 220 Grad 15 Minuten backen. Warm servieren.

☞ Eine preiswertere Variante ist tiefgekühlter Krabbenersatz. 6 Riegel auftauen lassen, in 2 cm große Stücke schneiden und auseinanderzupfen. Die Menge der Flüssigkeit aus der Dose durch zusätzliche Fleischbrühe ersetzen.

Ein gelungener Höhepunkt

Chateaubriand

Lassen Sie sich nicht von dem kompliziert klingenden Namen abschrecken. Denn dieses Fleischgericht ist einfach und vor allem auch sehr schnell zubereitet.

1 Filetstück (400 g)
2 EL Öl
2 EL Butter
Salz
Pfeffer
Petersilie

Das Fleisch kurz abspülen und trockentupfen. Mit Öl bestreichen und 1 Stunde ruhen lassen. Die Butter in einer Pfanne erhitzen und das Fleisch darin von allen Seiten schnell anbraten. Bei mittlerer Hitze auf beiden Seiten je 7 Minuten weiterbraten. Mit Salz und Pfeffer würzen und 10 Minuten im warmen Ofen ruhen lassen. In schräge Scheiben schneiden und auf einer Platte anrichten. Mit abgespülten und trockengetupften Petersiliensträußchen garnieren.

☞ Als Beilage eignen sich Erbsen und Prinzeßbohnen (TK-Produkte, nach Packungsaufschrift zubereitet), die man auf der Fleischplatte anrichtet.

☞ Dazu Pommes frites (TK-Produkt), fertig gekaufte Kräuterbutter, edler Rotwein – und der Erfolg ist gesichert.

Putenbrust auf Rucolasalat

200 g Putenbrustfilet
Pfeffer
evtl. 1 Knoblauchzehe
Saft von ¹/₂ Zitrone
200 g Rucolasalat
50 g Kirschtomaten
40 g Parmesankäse
2 Scheiben Toastbrot
30 g Butter oder Margarine
3 EL Balsamico-Essig
2 EL Hühnerbrühe (Fertigprodukt)
¹/₂ TL scharfer Senf
50 ml Olivenöl
Salz
Pfeffer
2 EL Öl

Das Putenbrustfilet waschen, trockentupfen, in 1,5 cm dicke Scheiben schneiden und pfeffern. Die Knoblauchzehe abziehen und pressen. Den Zitronensaft dazugeben, verrühren und über das Fleisch gießen. 30 Minuten zugedeckt durchziehen lassen. Rucola verlesen, waschen und gründlich abtropfen lassen. Die Kirschtomaten putzen, waschen und vierteln. Den Parmesankäse mit einem Spargelschäler in dünne Späne hobeln. Das Toastbrot würfeln und in heißer Butter oder Margarine goldbraun rösten. Für das Dressing Balsamico-Essig, Hühnerbrühe, Senf und Olivenöl verrühren und mit Salz und Pfeffer abschmecken.
Das Fleisch salzen und im heißen Öl jeweils etwa 3 Minuten von beiden Seiten braten. Rucola auf die Teller verteilen und das Fleisch und die Tomaten darauf anrichten und mit dem Dressing beträufeln. Mit Brotwürfeln und Parmesankäse bestreut servieren.

Feldsalat mit Hühnerleber

100 g Champignons
Saft von ¹/₂ Zitrone
100 g Feldsalat
1 Schalotte
¹/₂ Bund Schnittlauch
1 EL Sherry-Essig
3 EL Walnußöl
Salz
frisch gemahlener Pfeffer
2 Scheiben Toastbrot
3 EL Butter
250 g Hühnerleber

Pilze putzen und in dünne Scheiben schneiden. Sofort mit etwas Zitronensaft beträufeln. Feldsalat putzen, gründlich waschen und gut abtropfen lassen. Für die Salatsauce Schalotte schälen und fein würfeln, Schnittlauch hacken. Essig, Öl, Salz und Pfeffer verrühren. Schalotte und gehackten Schnittlauch untermischen. Toastbrot in Würfel schneiden und in etwas heißer Butter goldbraun rösten. Warm halten. Restliche Butter in der Pfanne zerlassen. Hühnerleber säubern, waschen, trockentupfen und pfeffern. Auf beiden Seiten je 5 Minuten braten und dann salzen.
Den Feldsalat und die Pilze auf Tellern anrichten. Die gebratene Leber darauf verteilen, mit der Salatsauce beträufeln und mit Toastwürfeln garnieren.

Überbackenes Schweinefilet auf Zucchini

400 g Zucchini
Salz
1 Schweinefilet von ca. 400 g
3 EL Öl
Salz, Pfeffer
1 Becher Crème fraîche
1 Knoblauchzehe
Salz
Pfeffer
Fett für die Form
1 Zweig Basilikum
50 g Schafskäse

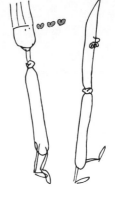

Zucchinis abspülen, trockentupfen und in Scheiben schneiden. Salzwasser zum Kochen bringen, die Zucchinischeiben hineingeben und 1 Minute sprudelnd kochen. Herausnehmen und auf einem Sieb abtropfen lassen. Vom Schweinefilet Fett und Häutchen abschneiden. Das Fleisch kurz abspülen, trockentupfen, in etwa 2,5 cm dicke Scheiben schneiden und im heißen Fett von beiden Seiten insgesamt 4 Minuten braten. Aus der Pfanne nehmen und mit Salz und Pfeffer würzen. Den Bratensaft mit Crème fraîche verrühren und aufkochen. Knoblauchzehe abziehen und pressen. In die Sauce geben und nochmals mit Salz und Pfeffer abschmecken. Eine Auflaufform einfetten und die Zucchinischeiben in der Form verteilen. Das Fleisch darauflegen und mit je einem Blatt Basilikum belegen. Schafskäse zerbröckeln und auf das Fleisch geben. Die Sauce darübergießen und im vorgeheizten Backofen bei 225 Grad 10-15 Minuten überbacken, bis der Käse geschmolzen ist.

Flambierte Pfeffersteaks

2 Filetsteaks (je 150 g)
2 EL Olivenöl
1 EL grüne Pfefferkörner
2 EL Cognac
Salz
2 EL Crème fraîche
1 TL Tomatenmark

Die Filetsteaks kurz abspülen und trockentupfen. Das Öl in einer Pfanne erhitzen und die Steaks darin von beiden Seiten je 2 Minuten braten. Pfefferkörner dazugeben und die Steaks mit Cognac übergießen. Vorsichtig anzünden und ausbrennen lassen. Steaks herausnehmen, salzen und warm stellen. Crème fraîche und Tomatenmark in das Bratfett einrühren, kurz ziehen lassen und mit Salz abschmecken. Steaks mit der Sauce servieren.

☞ Pfeffersteaks entweder nur mit Stangenweißbrot oder mit Pommes frites (TK-Produkt) und grünem Salat (Rezept S. 83) reichen.

bien cuit = gut durch   saignant = rot

Lachs mit Sahnesauce

2 Scheiben frischer Lachs (je 125 g)
Salz
1/2 Bund Petersilie
2 EL Öl
2 TL Zitronensaft
2 EL Butter
2 EL saure Sahne
1 EL Kapern
1/2 Zitrone

Lachsscheiben salzen, 30 Minuten ruhen lassen. Den größten Teil der Petersilie abspülen, trockentupfen und feinhacken. Mit Öl und 1 Teelöffel Zitronensaft verrühren. Die Lachsscheiben etwa 15 Minuten marinieren. Butter in einer Pfanne erhitzen und den Lachs von beiden Seiten kurz anbraten. Marinade zugeben und noch etwa 5 Minuten bei kleiner Hitze garen. Lachsscheiben herausnehmen und auf einer Platte warm stellen. Restlichen Zitronensaft, saure Sahne und Kapern in die Pfanne geben und unter Rühren kurz aufkochen. Über die Lachsscheiben gießen. Zitrone in Scheiben schneiden und den Lachs damit sowie mit einigen Petersiliensträußchen garnieren.

☞ Mit Salat (Rezept S. 83) und Petersilienkartoffeln (s. Tip S. 37) reichen.

Ein krönender Abschluß

Honigbananen

2 Bananen
1 EL Butter
3 EL Honig
1/2 TL Zitronensaft
1 TL Weinbrand
1 TL Mandelsplitter

Bananen schälen. Butter in einer Pfanne erhitzen. Bananen darin unter vorsichtigem Wenden auf beiden Seiten goldbraun braten. Auf Tellern anrichten und warm stellen. Honig mit Zitronensaft und Weinbrand in die Pfanne geben. Unter ständigem Rühren erhitzen. Sobald der Honig flüssig ist, über die Bananen gießen und mit Mandelsplittern bestreuen. Diese Nachspeise heiß servieren.

Cassissorbet

1/4 l schwarzer Johannisbeersaft
Saft von 1/2 Zitrone
25 g Zucker
1 Eiweiß
2 Piccolo-Flaschen trockener Sekt
2 frische Minzblätter

Johannisbeer- und Zitronensaft mit Zucker aufkochen und abkühlen lassen. Für 2 Stunden ins Gefrierfach stellen. Eiweiß steif schlagen und mit einer Gabel locker untermischen. Sorbet nochmals kühl stellen. Aus der Masse Kugeln ausstechen, in Gläser verteilen und mit Sekt auffüllen. Mit Minzblättern garnieren.

Sabayon mit Champagner

3 Eigelb
100 g Zucker
abgeriebene Schale von ¼ unbehandelten Zitrone
⅛ l Champagner oder trockener Sekt

Eigelb mit Zucker und der abgeriebenen Zitronenschale zu einer dicklichen Creme aufschlagen. Die Creme im heißen Wasserbad mit dem Schneebesen weiter schlagen und den Champagner oder Sekt angießen. Die Creme so lange schlagen, bis die Masse fast so steif ist wie Eiweißschnee. Sofort heiß servieren.

Eiskaffee

¼ l starker Kaffee
2 Gläschen Weinbrand
4 Kugeln Vanilleeis
⅛ l süße Sahne
25 g Zucker
Schokoladenraspel

Den Kaffee nach der Zubereitung erkalten lassen und in hohe Gläser füllen. Je 1 Gläschen Weinbrand und 2 Kugeln Vanilleeis dazugeben. Sahne mit etwas Zucker steif schlagen. Dicke Sahnetupfer auf den Eiskaffee setzen. Mit Schokoladenraspeln bestreuen und mit Strohhalm und Eis- oder Teelöffeln servieren.

Menüs für fröhliche Tafelrunden

Ihre Kochkunst wird nun gesellschaftsfähig. Kündigt sich Ihr Chef an? Vertreten auch Sie die Meinung, daß sich geschäftliche Dinge bei einem Essen viel besser besprechen lassen? Kommen vielleicht Verwandte auf Stippvisite oder möchten Sie einfach nette Freunde zu einer gemütlichen Tafelrunde einladen? Mit den folgenden Rezeptvorschlägen ist dies alles kein Problem.

Die folgenden Rezepte sind für 4 Personen berechnet, wenn nicht anders angegeben.

Der Gasmann darf zum Zähler,
der Klempner darf ins Klo,
der Hauswart in den Keller
und die Post darf ins Büro.
Ich hör' Vertretersprüche im Hausflur, doch allein:
ich laß' in Herz ♥ und Küche
nur meine Freunde rein.
Denen aber
gönn' ich dann die feinsten Happen,
meinen Treteimer
und gar meine Topflappen.

(R. Ney)

Welche Gerichte Sie wählen oder zu einem Menü zusammenstellen, hängt von den geladenen Gästen und Anlässen ab. Bei der Auswahl der einzelnen Menügänge sind einige Regeln zu beachten:

☞ Die Gerichte sollten aufeinander abgestimmt sein. Also nicht zwischen ländlicher und feiner Küche wechseln.

☞ Fisch vor Fleisch reichen.

☞ Kalte vor warmen Speisen.

☞ Weißes vor dunklem Fleisch.

☞ Nie zwei schwere Gerichte hintereinander folgen lassen.

☞ Wenn Sie mit einem umfangreicheren Menü glänzen möchten, dann servieren Sie vor dem Dessert einfach eine Käseplatte. Als Nachspeise eignet sich auch frisches Obst.

Den letzten professionellen Schliff geben Sie Ihrer Kochkunstpräsentation durch die Wahl der passenden Getränke. Ein Aperitif sichert zunächst den gelungenen Start. Ob Sie beispielsweise trockenen Wermut, Sherry, Campari, Pernod oder Sekt anbieten, bleibt dem Geschmack Ihrer Gäste überlassen. Ein Wein zum Essen paßt immer. Doch welcher Wein zu welchem Gericht? Auch hier gibt es einige Faustregeln:

☞ Weißer Wein zu Fisch, Meeresfrüchten und hellem Fleisch (Geflügel oder Kalbfleisch). Wenn allerdings ein Fischgericht mit Rotwein zubereitet wurde, sollte dieser auch als Getränk gereicht werden.

☞ Roter Wein zu dunklem Fleisch wie Lamm und Rindfleisch.

☞ Weißwein vor Rotwein.

☞ Trockener vor süßem Wein.

☞ Leichter Wein zu leichtem Essen.

☞ Schwerer Wein zu schwerem Essen.

1 trockener Weißwein
2 trockener Rotwein
3 lieblicher Weißwein
4 lieblicher Rotwein
5 Burgunderwein
6 Sektflöte

Vorspeisen

(Hors d'œuvres)

Französische Zwiebelsuppe

300 g Zwiebeln
4 EL Butter
1 l Fleischbrühe
4 Gläser trockener Weißwein
Salz, Pfeffer
2 dünne Scheiben Weißbrot
150 g geriebener Emmentaler

Die Zwiebeln schälen und in Ringe schneiden. Die Butter in einem Topf erhitzen und die Zwiebelringe darin hellgelb rösten. Brühe dazugießen, umrühren und 25 Minuten bei kleiner Hitze kochen. Weißwein dazugeben und nochmals einige Minuten köcheln. Mit Salz und Pfeffer kräftig abschmecken.
Die Weißbrotscheiben toasten, die Rinde entfernen und in eine feuerfeste Form legen. Mit der Suppe aufgießen und mit dem geriebenen Käse bestreuen. Im vorgeheizten Backofen bei 225 Grad etwa 10 Minuten überbacken.

Stangensellerie mit Roquefort

1 Selleriestaude
100 g Roquefort
100 g saure Sahne
frisch gemahlener Pfeffer
8 dünne Scheiben Roastbeef oder Kochschinken

Die Selleriestangen von der Staude trennen und nur die zarten inneren Stangen verwenden. Gründlich abspülen und abtropfen lassen. Käse und saure Sahne verrühren. Leicht pfeffern (nicht salzen, da der Käse schon salzig ist). Die Käsemasse in einen Spritzbeutel füllen und in die Mulden der Selleriestangen spritzen. Die Stangen auf Tellern anrichten. Dazu je 2 Scheiben von dem Fleisch servieren.

Salade Niçoise

1 Kopfsalat
3 gekochte Kartoffeln
1 Zwiebel
1 grüne Paprikaschote
4 Tomaten
1 Dose Thunfisch
1 kleine Dose grüne Bohnen
4 hartgekochte Eier
1 kleine Dose Anchovisfilets
100 g schwarze Oliven
3 EL Olivenöl
1 El Rotweinessig
1 TL Senf
Salz
Pfeffer
1 zerdrückte Knoblauchzehe

Den Salat zerteilen, waschen und gut abtropfen lassen. Die erkalteten Kartoffeln in Scheiben schneiden. Die Zwiebel schälen und in Ringe schneiden. Die Paprikaschote putzen und in Ringe schneiden. Die Tomaten waschen, achteln und dabei den Stengelansatz entfernen. Den Thunfisch aus der Dose nehmen, abtropfen lassen und in kleine Stücke zerteilen. Die Bohnen ebenfalls aus der Dose nehmen und abtropfen lassen. Alles zusammen in einer Salatschüssel vermischen.
Die Eier schälen und vierteln. Die Anchovisfilets unter kaltem Wasser abspülen und trockentupfen. Den Salat mit Eiervierteln, Anchovisfilets und schwarzen Oliven garnieren.
Öl, Essig, Senf, Salz, Pfeffer und die Knoblauchzehe in einer kleinen Schüssel gut verrühren und vor dem Servieren über den Salat gießen.

☞ Nizza-Salat eignet sich als Vorspeise, kann aber ebenso ein kleines Abend-essen ersetzen.

Mozzarella mit Pesto

400 g Mozzarella
4 Tomaten
150 g Rucolasalat
1 Gläschen Pesto (Fertigprodukt)

Den Mozzarella abtropfen lassen und in Scheiben schneiden. Die Tomaten waschen, in Scheiben schneiden und den Stengelansatz herausschneiden. Rucola waschen und abtropfen lassen. Jede Tomatenscheibe mit einer Mozzarellascheibe belegen und mit $^1/_2$ Teelöffel Pesto garnieren. Auf dem Rucolasalat anrichten.

☞ Dazu italienisches Brot reichen.

Crostini mit Tomaten

500 g Tomaten
3 Knoblauchzehen
150 g Lauchzwiebeln
4 EL kaltgepreßtes Olivenöl
Salz
Pfeffer
1 Bund Thymian
12 Scheiben Baguettebrot

Die Tomaten überbrühen, häuten, würfeln und den Stengelansatz entfernen. Den Knoblauch abziehen und 2 Zehen durch die Knoblauchpresse über die Tomaten drücken. Die Lauchzwiebeln putzen, waschen und in Ringe schneiden. Olivenöl, Gewürze und Thymian unter die Tomaten rühren. Die Brotscheiben mit Knoblauch einreiben und auf ein Backblech legen. Mit Olivenöl beträufeln und im Backofen bei 200 Grad 15 Minuten rösten.
Sofort mit der Tomatenmasse bestreichen und mit Zwiebelringen belegen.

☞ Crostini mit Leberwurst bestreichen und mit gehackter Petersilie bestreut servieren.

Hauptgerichte

Cordon bleu

4 Kalbsschnitzel, je 200 g schwer und etwa 2 cm dick
Salz
Pfeffer
4 Scheiben gekochter Schinken
4 Scheiben Schweizer Käse
4 EL Mehl
2 Eier
4 EL Semmelbrösel
3 EL Butter

In die Kalbsschnitzel an der Längsseite eine Tasche einschneiden (Ihr Fleischer macht das gerne für Sie) und mit der Hand leicht klopfen. Salzen, pfeffern, in die Taschen jeweils eine Scheibe Schinken und Käse legen und mit Zahnstochern zustecken. Die gefüllten Schnitzel zuerst in Mehl, dann in verquirltem Ei und zum Schluß in Semmelbröseln wenden. Die Butter in einer Pfanne erhitzen und das Fleisch darin auf jeder Seite etwa 6 Minuten goldbraun braten.

☞ Dazu schmecken Kartoffelpüree und frischer Salat (Rezept S. 83).

Schweinerollbraten mit Knoblauch gespickt

1 kg Schweinerollbraten, fertig gerollt und geschnürt
3 Knoblauchzehen
Salz
Pfeffer
Thymian
3 EL Butter
$^1/_4$ l Fleischbrühe (Würfel)
500 g kleine Kartoffeln
6 kleine Zwiebeln
1 Bund Petersilie

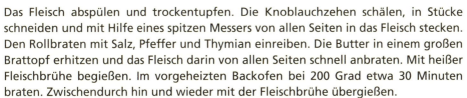

Das Fleisch abspülen und trockentupfen. Die Knoblauchzehen schälen, in Stücke schneiden und mit Hilfe eines spitzen Messers von allen Seiten in das Fleisch stecken. Den Rollbraten mit Salz, Pfeffer und Thymian einreiben. Die Butter in einem großen Brattopf erhitzen und das Fleisch darin von allen Seiten schnell anbraten. Mit heißer Fleischbrühe begießen. Im vorgeheizten Backofen bei 200 Grad etwa 30 Minuten braten. Zwischendurch hin und wieder mit der Fleischbrühe übergießen.
Die Kartoffeln und Zwiebeln schälen, um das Fleisch herum verteilen und in dem Bratfond umwenden. Salzen, pfeffern und weitere 30 Minuten braten. Wenn nötig, noch mit etwas Fleischbrühe begießen. Mit feingehackter Petersilie bestreut servieren.

Besoffenes Huhn
Pollo Borracho

Ein pikantes Gericht aus Mexiko.

1 Huhn
1 Zwiebel
2 Knoblauchzehen
3 EL Butter
1/2 TL Chilipulver
200 g Tomatenpüree
50 ml Rum
1/2 Tasse Hühnerbrühe (Instant)
50 g Kochschinken
2 EL Oliven
2 TL Kapern
1/2 TL Salz, Pfeffer
1/4 TL Oregano
Thymian
1 Lorbeerblatt
1 TL Speisestärke
2 EL Wasser
1 hartgekochtes Ei

Das Huhn säubern, waschen, mit Küchenpapier abtrocknen und vierteln. Die Zwiebel schälen und hacken. Den Knoblauch häuten und in Scheiben schneiden. Die Butter in einem Bräter erhitzen und Knoblauch und Zwiebel darin mit Chilipulver andünsten. Tomatenpüree, Rum, Hühnerbrühe, kleingeschnittenen Kochschinken, in Scheiben geschnittene Oliven, Kapern, Salz, Pfeffer, Oregano, Thymian und Lorbeerblatt dazugeben. Die Hühnerteile in den Bräter geben und gut vermischen, damit alle Fleischteile bedeckt sind. Zugedeckt 1 Stunde bei 170 Grad im Backofen schmoren. Den Deckel abnehmen, etwas Wasser hinzugießen und weitere 20 Minuten braten.
Die Hühnerteile herausnehmen und auf einer Platte warm stellen. Die Speisestärke mit dem Wasser vermischen, in die Sauce hineinrühren und aufkochen. Abschmecken und über die Hühnerteile gießen. Das hartgekochte Ei zerhacken und das Gericht damit bestreuen.

☞ Stilecht serviert wird das Gericht mit Tortillas (Maisfladen, Fertigprodukt), doch auch mit Reis und Salat (Rezepte S. 83) als Beilage können Sie nichts falsch machen.

Lasagne

3 EL Butter
1 Zwiebel
2 Knoblauchzehen
300 g gemischtes Hackfleisch
1 kleine Dose Champignons
1 kleine Dose geschälte Tomaten
1/2 Glas trockener Weißwein
1/2 Glas Rotwein
Salz
Pfeffer
Oregano
50 g Butter
50 g Mehl
3/4 l Milch
Salz
Pfeffer
200 g Lasagnenudeln
100 g geriebener Käse

2 Eßlöffel Butter in einer Pfanne erhitzen. Die Zwiebel und die Knoblauchzehen schälen, feinhacken und kurz darin anbraten. Das Hackfleisch dazugeben und ebenfalls anbraten. Abgetropfte Champignons, zerkleinerte Tomaten sowie Weißwein und Rotwein hinzufügen. Umrühren und bei schwacher Hitze etwa 30 Minuten kochen. Mit Salz, Pfeffer und Oregano abschmecken.

Für die Béchamelsauce die Butter in einem Topf erhitzen und das Mehl darüberstäuben. Die Milch nach und nach hinzufügen und unter ständigem Rühren bei schwacher Hitze kochen lassen, bis eine nicht zu dickflüssige Sauce entsteht. Mit Salz und Pfeffer würzen.

Eine feuerfeste Form mit der restlichen Butter einfetten. Zuerst etwas von der Béchamelsauce einfüllen. Darauf eine Schicht ungekochte Lasagnenudeln geben. Mit einem Teil der Sauce und dann mit etwas Fleischragout bedecken. Restliche Zutaten in der gleichen Reihenfolge schichten. Dabei darauf achten, daß die Nudeln nicht herausschauen, denn sie werden sonst hart. Die letzte Nudelschicht mit Béchamelsauce und Ragout bedecken. Mit Käse bestreuen und einige Butterflöckchen daraufsetzen. Im vorgeheizten Backofen bei 200 Grad etwa 25 Minuten überbacken, bis der Käse geschmolzen und goldbraun geworden ist.

Bœuf Stroganoff

750 g Rinderfilet
250 g frische Champignons
4 Zwiebeln
4 EL Butter
Salz
Pfeffer
1 EL Senf
1 Prise Zucker
¹/₄ l saure Sahne

*Le bœuf, der Ochs
la vache, die Kuh,
ferme la porte,
die Tür mach' zu!*

Das Fleisch kurz abspülen, trockentupfen und in etwa 1 cm dicke und 5 cm lange Streifen schneiden. Geputzte Champignons in Scheiben und geschälte Zwiebeln in Ringe schneiden. 2 Eßlöffel Butter in einer Pfanne erhitzen und das Gemüse hineingeben. Mit Salz, Pfeffer, Senf und Zucker abschmecken. Bei schwacher Hitze zugedeckt etwa 15 Minuten dünsten.
Die restliche Butter in einer anderen Pfanne erhitzen und die Filetstreifen unter Rühren 4 Minuten braten. Dann zum Gemüse geben und noch einmal abschmecken. Saure Sahne unterrühren.

☞   Mit gekochtem Reis, grünem Salat (Rezepte S. 83) und Rotwein servieren.

Reis

Pro Person rechnet man etwa 60 g Reis als Beilage (½ Tasse). Da der gekochte Reis um etwa das Dreifache seines Volumens aufquillt, sollte man einen genügend großen Topf wählen. Die Wassermenge soll zum Reis im Verhältnis 2:1 stehen. Den Reis in einem Sieb unter fließendem kalten Wasser abspülen.

Reis mit der doppelten Wassermenge und 1 Teelöffel Salz zum Kochen bringen. Zugedeckt bei milder Hitze etwa 20 Minuten quellen lassen. Der Reis muß die gesamte Flüssigkeit aufnehmen.

☞ Sie können den Reis auch mit 2 Eßlöffeln Butter anrösten und mit Brühe statt Wasser angießen.

Zweierlei Saucen für grünen Salat

Durch verschiedene Marinaden läßt sich Kopfsalat gut variieren. Den Salatkopf putzen und zerlegen. Blätter in kaltem Wasser waschen und auf einem Sieb abtropfen lassen. Damit Ihr Salat nicht „verwässert" schmeckt, sollten Sie zusätzlich die Blätter mit Küchenpapier trockentupfen.

Einfache Salatsauce:
2 TL Zitronensaft
4 EL Öl
Salz, Pfeffer
1 Zwiebel, feingewürfelt
evtl. Petersilie oder Schnittlauch

Sahnesauce:
2 EL Sahne
2 EL saure Sahne
2 TL Öl
2 TL Zitronensaft
Salz
1 Prise Zucker

Alle Zutaten sehr gut verrühren bzw. schaumig schlagen.

☞ Die Marinaden erst kurz vor dem Essen über den Salat gießen, damit er nicht zusammenfällt. Vorsichtig mischen!

Fleischfondue
Fondue Bourguignonne

Ein Gericht, das die wenigste Mühe, dafür aber viel Spaß macht. Da alle aus einem Topf essen, ist es für offizielle Anlässe weniger geeignet. Für ein Fondue sind Rechaud und Fonduegabeln unerläßlich, der Fonduetopf kann durch einen normalen Topf ersetzt werden.

800 g Rinderfilet
500 g Bratfett

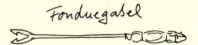

Das Fleisch waschen und trockentupfen, Fett mit weißen Häutchen entfernen. In etwa 3 cm große Würfel schneiden und auf einer Platte anrichten. Das Bratfett in den Topf geben, auf dem Herd erhitzen und anschließend auf das Rechaud stellen.
Jeder spießt die Fleischwürfel auf die Fonduegabel und gibt sie in das heiße Fett. In 1½ Minuten ist das Filet rosa, in 2½ Minuten durchgebraten.

☞ Statt Bratfett können Sie auch die entsprechende Menge Fleisch- oder Hühnerbrühe verwenden. Sie müssen dann das Fett nicht entsorgen und können zudem aus der Brühe eine leckere Suppe zubereiten.

☞ Zum Fondue reicht man Mixed Pickles, Perlzwiebeln, Oliven, Mango-Chutney und kleine Gewürzgurken sowie gekaufte oder selbstgemachte Saucen. Hier einige Vorschläge:

Knoblauchsauce
Aïoli

5 Knoblauchzehen
Salz
1 hartgekochtes Ei
200 g Mayonnaise
Cayennepfeffer
1 Spritzer Zitronensaft

Die Knoblauchzehen schälen und mit etwas Salz zerdrücken. Mit dem feingehackten Ei und der Mayonnaise gut mischen. Mit Salz, Cayennepfeffer und Zitronensaft abschmecken.

Currysauce

200 g Mayonnaise
1 TL scharfer Senf
Currypulver

Die Mayonnaise mit Senf vermischen und mit Curry kräftig abschmecken.

Kräutersauce

1 kleine Zwiebel
Petersilie
Schnittlauch
Dill
200 g Mayonnaise

Rechaud

Die Zwiebel schälen und kleinschneiden. Die Kräuter abspülen, trockentupfen und feinhacken. Alles mit der Mayonnaise vermischen.

Zigeunersauce

2 EL Öl
6 EL Tomatenketchup
1 kleine Zwiebel
1 EL scharfer Senf
Sardellenpaste
Tabascosauce
Paprikapulver
Knoblauchpulver (Fertigprodukt)
Pfeffer
Salz
Schnittlauch
Petersilie

Öl und Tomatenketchup verrühren. Die Zwiebel schälen, kleinschneiden und dazugeben. Mit Senf, Sardellenpaste, Tabascosauce, Paprikapulver, Knoblauchpulver, Pfeffer und Salz pikant würzen. Schnittlauch und Petersilie abspülen, trockentupfen, feinhacken und unterrühren.

Auberginenschiffchen

4 Auberginen
6 EL Öl
600 g Hackfleisch
2 EL Semmelbrösel
4 cl Weinbrand
2 Eigelb
4 EL Dosenmilch
Knoblauchsalz (Fertigprodukt)
Pfeffer
4 EL geriebener Käse

Die Auberginen waschen, trockentupfen, halbieren und den Stengelansatz abschneiden. Die Hälften mit der Schnittfläche nach oben auf ein Ofenblech legen und mit 4 Eßlöffeln Öl beträufeln. Im Backofen bei 200 Grad etwa 30 Minuten backen.
Die Auberginen vorsichtig aushöhlen. Das Fruchtfleisch feinhacken und mit Hackfleisch, Semmelbröseln, Weinbrand, Eigelb und Dosenmilch gründlich vermischen. Mit Knoblauchsalz und Pfeffer würzen. Die Masse in die Auberginenschalen füllen und mit geriebenem Käse bestreuen. Das Ofenblech mit dem restlichen Öl einfetten und die Auberginen darauf im Backofen bei 250 Grad etwa 10 Minuten überbacken.

Paella

Ein berühmtes spanisches Nationalgericht, für das Sie sich bei der Zubereitung allerdings etwas Zeit nehmen müssen.

1 Hähnchen (1 kg)
1 Zwiebel
2 Knoblauchzehen
250 g Tomaten
100 ml Olivenöl
Salz
frisch gemahlener weißer Pfeffer
200 g Reis
750 ml Fleischbrühe
1 g Safran
250 g Miesmuscheln

150 g Fischfilet
4 Gambas
100 g küchenfertige Tintenfische (TK)
50 g grüne Erbsen
100 ml Weißwein
150 g Chorizo (Paprikawurst)
10 schwarze Oliven

Das Hähnchen waschen, trockentupfen und vierteln. Zwiebeln und Knoblauchzehen abziehen und grob hacken. Die Tomaten überbrühen, häuten, vierteln und den Stengelansatz entfernen. 1 Eßlöffel Olivenöl aufbewahren und den Rest in einer großen Pfanne erhitzen. Die Hähnchenteile mit Salz und Pfeffer würzen und in dem heißen Öl von allen Seiten goldbraun braten. Zwiebeln, Knoblauch und den gewaschenen Reis in die Pfanne geben und andünsten. Die Fleischbrühe hinzugießen, den Safran einrühren und etwa 15 Minuten kochen lassen.
Die Muscheln unter fließendem kalten Wasser gründlich bürsten, die Fäden entfernen und abtropfen lassen. Geöffnete Muscheln wegwerfen. Fischfilet waschen, trockentupfen und in große Stücke schneiden. Die Gambas und die Tintenfische waschen, abtropfen lassen und alles zusammen mit den Erbsen und den Tomaten unter den Reis mischen. Aufkochen, mit Weißwein ablöschen und nochmals 15 Minuten bei schwacher Hitze ziehen lassen. Die Chorizowurst in Scheiben schneiden, in dem restlichen Öl knusprig braten und mit den Oliven auf der Paella verteilen. Heiß servieren.

☞   Dazu ein spanischer Wein, und die Stimmung ist perfekt. Olé!

Nachspeisen

Honigmelone mit Cognac

2 kleine Honigmelonen
¹/₂ Glas Cognac

Die Melonen halbieren und die Kerne entfernen. Das Fruchtfleisch ausschaben und in eine Schüssel geben. Mit Cognac übergießen und etwa 2 Stunden im Kühlschrank ziehen lassen. Dann wieder in die Melonenhälften füllen und mit dem Saft begießen.

Erdbeeren mit Sahne

500 g Erdbeeren
125 g Zucker
¹/₄ l Sahne
1 Päckchen Vanillinzucker

Erdbeeren waschen, abtropfen lassen und die Stiele entfernen. Mit Zucker bestreuen und zugedeckt 15 Minuten ruhen lassen. Sahne mit Vanillinzucker steif schlagen. Erdbeeren in Dessertschalen füllen, den Saft darübergießen und mit der Sahne garnieren.

Schokoladenschaum
Mousse au Chocolat

100 g Blockschokolade
2 Eier
¹/₂ l süße Sahne

Dann muß man „Sie" sagen!

Die Schokolade im Wasserbad schmelzen lassen. Die Eier trennen. Die Eigelb schaumig schlagen und unter die Schokolade rühren. Die Sahne steif schlagen und mit der Schokoladenmasse vorsichtig vermischen. Die Eiweiß ebenfalls steif schlagen und unterheben. In Gläser oder Schalen füllen und im Kühlschrank 30 Minuten kühlen.

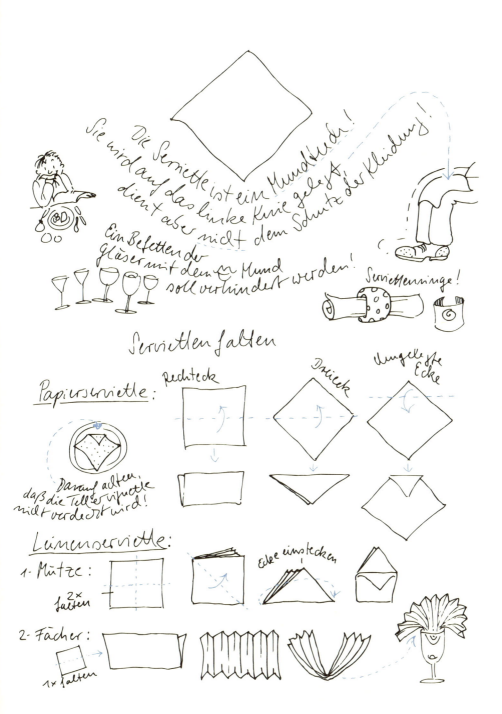

Die Serviette ist ein Mundtuch!
Sie wird auf das linke Knie gelegt,
dient aber nicht dem Schutz der Kleidung!

Ein Befetten der
Gläser mit dem Mund
soll verhindert werden!

Serviettenringe!

Servietten falten

Papierserviette:

Rechteck   Dreieck   Umgelegte Ecke

Darauf achten,
daß die Teller vignette
nicht verdeckt wird!

Leinenserviette:

1. Mütze: 2× falten   Ecke einstecken

2. Fächer: 1× falten

Endlich Grillzeit

Grillen ist ein sommerliches Vergnügen, dem kaum einer widerstehen kann. Vorausgesetzt, das Wetter spielt mit. Die Holzkohle muß richtig durchgeglüht sein. Falls heruntergetropftes Fett Feuer fängt, die Zutaten an eine andere Stelle schieben, damit sie nicht in dem direkten Fettrauch liegen, der giftigen Kohlenwasserstoff enthält. Die Flamme löschen.

Die folgenden Rezepte sind für 4 Personen berechnet, wenn nicht anders angegeben.

Mixed Grill

Eine Zusammenstellung verschiedener Fleischsorten, die gegrillt hervorragend schmecken.

4 Lammkoteletts
2 Scheiben Rinderfilet
2 Scheiben Schweinefilet
4 Scheiben Bauchfleisch
4 Bratwürstchen
4 Scheiben Frühstücksspeck
6 EL Öl
Salz
Pfeffer

Fleisch und Bratwürstchen kurz abspülen und trockentupfen. Anschließend mit Öl bestreichen. Koteletts, Filets und Frühstücksspeck auf jeder Seite 3 Minuten grillen. Salzen und pfeffern. Bauchfleisch und Bratwürstchen so lange grillen, bis die gewünschte Knusprigkeit erreicht ist.

Tip
Bei Koteletts und Steaks die dicke Fettschicht vor dem Grillen mehrmals einschneiden – das Fleisch wellt sich dann nicht! mmhh!

Spare ribs

1 kg Schweinerippchen
125 g Aprikosenkonfitüre
1/8 l Aprikosensaft
6 EL Worcestersauce
1 EL Zitronensaft
1 EL Senf
1/2 TL Ingwerpulver
1/2 TL Paprikapulver
Salz
Pfeffer
1 Knoblauchzehe

Die Rippchen waschen und trockentupfen. Aprikosenkonfitüre, Saft, Worcestersauce, Zitronensaft, Senf, Ingwer- und Paprikapulver, Salz und Pfeffer vermischen. Die Knoblauchzehe abziehen, pressen und dazugeben. Die Rippchen in die Marinade legen und 4 Stunden im Kühlschrank durchziehen lassen. Herausnehmen, vorsichtig mit Küchenpapier abtupfen und von beiden Seiten 10 Minuten grillen. Zwischendurch immer wieder mit der Marinade bestreichen.

Lammkoteletts mit Limetten

4 Lammkoteletts (je 150 g)
Salz
Pfeffer
2 Limetten oder 1 unbehandelte Zitrone
Für die Marinade: 2 Knoblauchzehen
100 ml Weißwein
1 EL Limetten- oder Zitronensaft
1 TL Honig
6 EL Öl

Die Lammkoteletts waschen und trockentupfen.
Für die Marinade die Knoblauchzehen abziehen, durchpressen und mit den übrigen Zutaten verrühren. Die Lammkoteletts darin 2 Stunden marinieren. Gut abtropfen lassen und von jeder Seite etwa 4 Minuten grillen. Mit Salz und Pfeffer würzen. Limetten oder Zitrone waschen, trockenreiben und in Scheiben schneiden. Die Lammkoteletts damit belegen.

Lachsfilet mit Pestofüllung
für 6 Personen

2 große Bund Basilikum
4 Knoblauchzehen
75 g Pinienkerne
75 g Parmesan
50 ml kalt gepreßtes Olivenöl
6 dicke Lachsfilet (je 120 g)
Salz
frisch gemahlener Pfeffer
Holzstäbchen oder Zahnstocher

Das Basilikum von den Stielen zupfen und grob zerkleinern. Die Knoblauchzehen pellen und feinhacken. Die Pinienkerne hacken. Den Parmesan fein reiben. Basilikum mit Knoblauch, Pinienkernen und etwas Olivenöl im Mörser fein zerreiben. Das restliche Olivenöl und den Parmesan unterrühren. In jedes Lachsfilet eine Tasche schneiden. Die Filets von innen und außen salzen, pfeffern und mit Pesto füllen. Die Taschen mit je einem Holzstäbchen verschließen und langsam 7 Minuten lang grillen.

☞ Wenn es schnell gehen muß, können Sie Pesto fertig kaufen.

Kartoffeln in Folie

4 große Kartoffeln
Öl zum Bestreichen
4 Alufolienblätter

Die Kartoffeln unter fließendem Wasser abbürsten und trockentupfen. Alufolienblätter mit etwas Öl bestreichen und die Kartoffeln damit locker einwickeln. In die heiße Holzkohlenglut legen und 50–60 Minuten grillen. Mit einer Grillzange aus der Glut nehmen.

☞ Mit Butter, Kräuterbutter oder Kräuterquark reichen.

☞ In der Alufolie können auch geschälte Zwiebeln oder Tomaten zubereitet werden. Über der Holzkohlenglut 15–20 Minuten grillen.

Gegrillte Sardinen

1 Packung frische oder tiefgekühlte Sardinen
2 Knoblauchzehen
Salz
Basilikum
Pfeffer
Öl
1 Zitrone

Frische Sardinen putzen, Kopf und Gräten entfernen. Tiefgekühlte Fische auftauen lassen. Knoblauchzehen schälen, mit Salz zerdrücken und mit etwas Basilikum vermischen. Die Sardinen innen und außen salzen, pfeffern und mit dem Knoblauch bestreichen. Mit etwas Öl einreiben und auf dem Holzkohlenrost etwa 5 Minuten von beiden Seiten grillen. Mit Zitronenvierteln servieren.

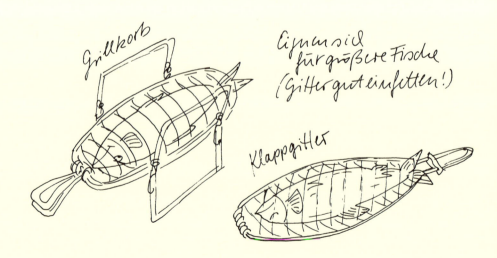

Hackfleischspieße

Aufspießen läßt sich alles, was gegrillt werden kann. Hier ein Vorschlag mit Fleisch-bällchen, Champignons und Paprika:

500 g Hackfleisch
2 EL Semmelbrösel
3 Zwiebeln
2 Eier
1 TL Senf
Salz
Pfeffer
Paprikapulver
Knoblauchsalz
etwa 16 frische Champignons
1 grüne Paprikaschote
1 rote Paprikaschote
Öl

Das Hackfleisch mit Semmelbröseln, 1 feingehackten Zwiebel, Eiern, Senf, Salz, Pfeffer, Paprikapulver und Knoblauchsalz zu einem Fleischteig kneten. Aus der Masse kleine Bällchen formen. Die Champignons putzen. Die Paprikaschoten waschen, halbieren, entkernen und in Stücke schneiden. Restliche Zwiebeln schälen und achteln. Die Fleischbällchen abwechselnd mit Paprika, Champignons und Zwiebeln auf Spieße stecken. Mit Öl bestreichen und auf dem Holzkohlenrost unter häufigem Wenden etwa 5 Minuten grillen.

☞ Statt Fleischbällchen Schweinefilet oder Rinderfilet nehmen.

☞ Sorgen Sie außerdem für genügend Stangenweißbrot als Beilage. Für Knob-lauchliebhaber: Das Stangenweißbrot in schräge Scheiben schneiden, mit geschälten Knoblauchzehen einreiben und mit etwas Öl beträufeln. Dann auf dem Grill unter Wenden rösten.

Tomatensalat

4 Tomaten
1 kleine Zwiebel
1¹/₂ EL Öl
1 TL Essig
etwas Senf
Salz
Pfeffer
Petersilie

Die Tomaten waschen, trockentupfen, in Scheiben schneiden und die Stengelansätze entfernen. Die Zwiebel schälen, würfeln und mit den Tomatenscheiben in einer Schüssel mischen. Öl mit Essig verrühren und mit Senf, Salz und Pfeffer abschmecken. Die Petersilie abspülen, trockentupfen, hacken und dazugeben. Die Marinade über die Tomaten gießen und vorsichtig vermengen.

Gurkensalat

1 Salatgurke
2 EL Öl
1 EL Weinessig
etwas Senf
Salz
Pfeffer
1 Prise Zucker
1 Zwiebel
Schnittlauch
Dill

Die Gurke waschen, trockentupfen und das Ende abschneiden. Ungeschält in dünne Scheiben schneiden und in eine Schüssel geben. Öl, Essig und Senf verrühren. Mit Salz, Pfeffer und Zucker abschmecken. Die Zwiebel schälen, kleinschneiden und dazugeben. Schnittlauch und Dill waschen, trockentupfen, hacken und in die Marinade rühren. Über den Salat gießen und alles vermischen.

Griechischer Bauernsalat

2 Zwiebeln
1 Kopfsalat
3 Tomaten
1/2 rote Paprikaschote
2 grüne Paprikaschoten
10 Oliven
200 g Schafskäse
2 hartgekochte Eier
4 Sardellenfilets (in Öl eingelegt)
3 TL Essig
3 TL Zitronensaft
6 TL Olivenöl
Salz
weißer Pfeffer
Oregano

Die Zwiebeln schälen und in dünne Ringe schneiden. Den Salat zerlegen, waschen und mit Küchenpapier trockentupfen. Die Tomaten waschen und achteln. Die Paprikaschoten entkernen, waschen und in Streifen schneiden. Die Oliven halbieren und den Schafskäse würfeln.
Eine Salatschüssel mit den Salatblättern auslegen und die Zutaten einfüllen. Ei und Sardellenfilets vierteln und den Salat damit garnieren. Essig, Zitronensaft und Olivenöl gut vermischen und mit Salz, Pfeffer und Oregano abschmecken. Die Marinade über den Salat gießen und 15 Minuten zugedeckt im Kühlschrank durchziehen lassen.

Gewinnende Skatrunde

Eine Skatrunde macht durstig. Ob es an dem vielen Reizen liegt oder nicht, ein kühles Bier ist immer gefragt. Der Biergenuß weckt wiederum Appetit auf etwas Herzhaftes zwischendurch. Hier einige Vorschläge, die sogar den Ärger des Verlierers ein wenig dämpfen können.

Und außerdem:
Pech im Spiel, Glück in der Liebe!

Würziger Obazter

Eine bayerische Spezialität, zu der ein kühles Bier nicht fehlen darf.

200 g Camembert
1 kleine Zwiebel
20 g weiche Butter
1 TL Kümmel
1/2 TL Paprikapulver edelsüß
Salz
weißer Pfeffer
4 Scheiben Vollkornbrot oder Pumpernickel

Den Camembert grob würfeln und mit dem Knethaken des Handrührgerätes oder mit einer Gabel zerdrücken. Die Zwiebel schälen und würfeln, Butter, Kümmel und Paprikapulver hinzufügen und alles verkneten. Mit Salz und Pfeffer abschmecken. In eine kleine Schüssel füllen und mit etwas Paprika bestreuen. Dick auf die Brote schmieren.

Mettbrötchen

4 Brötchen
Butter zum Bestreichen
400 g Mett
2 Zwiebeln
Salz
Pfeffer

Die Brötchen halbieren, mit Butter bestreichen und das Mett darauf verteilen. Die Zwiebeln schälen, in Ringe schneiden und die Brötchen damit garnieren. Auf einer Platte anrichten. Salz und Pfeffer daneben stellen, damit jeder sein Brötchen selbst würzen kann.

Käsehappen

Käsewürfel sehen nicht nur appetitlich aus, sondern sind auch in wenigen Minuten zubereitet.

250 g Schnittkäse am Stück, z.B. Edamer, Emmentaler oder Gouda

Käse in etwa 2 mal 2 cm große Würfel schneiden. Darauf mit Zahnstochern zum Beispiel Kirschtomaten, grüne oder schwarze Oliven, Trauben, Walnüsse, aber auch kleine Gewürzgurken oder Perlzwiebeln stecken. Am besten auf einer Holzplatte anrichten.

Matjesbissen

4 Matjesfilets
4–5 Scheiben Brot
Butter zum Bestreichen
1 Zwiebel
2 eingelegte Gewürzgurken

Die Matjesfilets vorher mindestens 6 Stunden wässern. Trockentupfen und in kleine Stücke oder schmale Streifen schneiden. Die Brotscheiben in etwa 5 cm breite Stücke schneiden und die Rinde entfernen. Mit Butter bestreichen und mit Matjesstücken belegen. Mit Zwiebelringen und Gewürzgurkenscheiben garnieren.

Lord Sandwich

Ein Sandwich besteht aus zwei belegten, zusammengeklappten Brotscheiben und wurde für den leidenschaftlichen Kartenspieler Earl of Sandwich erfunden. Dieser unterbrach nämlich äußerst ungern sein Spiel und pflegte daher gleichzeitig zu speisen. Durch das zugeklappte Sandwich blieben seine Finger und folglich auch die Karten fettfrei.

4 Filetsteaks
4 EL Öl
Pfeffer
Salz
8 Scheiben Toastbrot
Butter
4 TL Meerrettich aus dem Glas
4 Salatblätter

Die Filetsteaks kurz abspülen und trockentupfen. Öl in einer Pfanne erhitzen. Die Filetsteaks mit Pfeffer einreiben und in dem Öl auf jeder Seite 2 Minuten braten. Herausnehmen und salzen. Von den Toastscheiben die Rinde entfernen und mit Butter bestreichen. 4 Toastscheiben mit je 1 Filet belegen, mit Meerrettich bestreichen und mit Salatblättern garnieren. Die restlichen Toastscheiben darüberklappen.

☞ Die Brotsorte spielt keine Rolle, und auch der Füllungsart sind keine Grenzen gesetzt.

Knoblauchbrot

Seien Sie gewarnt: Knoblauchfans werden bestimmt nochmals unerwartet wieder-
kommen!

1 Stangenweißbrot
3 Knoblauchzehen
125 g Butter
Salz
Paprikapulver
100 g geriebener Käse

Das Brot im Abstand von 2 cm einschneiden. Die Knoblauchzehen zerdrücken und
mit Butter, Salz und Paprikapulver gut vermischen. In die Kerben streichen und geriebenen Käse hineinstreuen. Im vorgeheizten Backofen bei 175 Grad etwa 15 Minuten
backen.

Überbackene Tacochips

1 Tüte Tacochips
50 g geriebener Emmentaler

Die Chips aus der Tüte herausnehmen, auf einen Suppenteller geben und mit dem
geriebenen Käse bestreuen. Im Backofen bei 75 Grad überbacken, bis der Käse
zerläuft. Heiß servieren.

☞   Sie können die Tacochips, ohne sie zu überbacken, auch mit Dips servieren.
Hier zwei Vorschläge:

Guacamole

1 große reife Avocado (muß beim Daumendrucktest leicht nachgeben)
Saft von 1/2 Zitrone
Salz
Pfeffer
3 Knoblauchzehen

Die Avocado mit einem Messer längs durchschneiden und den Kern herausnehmen. Mit einem Teelöffel die weiche Masse herauslöffeln, mit einer Gabel zerdrücken und mit Zitronensaft, Salz, Pfeffer und dem geschälten, gepreßten Knoblauch verrühren.

☞   Zum Verlängern der Sauce ist Joghurt geeignet.

Scharfer Dip «Diabolo»

1 kleine Zwiebel
1 Knoblauchzehe
1 rote Paprikaschote
2 frische Chilischoten
6 EL Tomatenketchup
3 EL Öl
Salz

Zwiebel und Knoblauch schälen und grob würfeln. Paprika und Chilis halbieren, entkernen und ebenfalls grob würfeln. Alles mit Ketchup und Öl im Mixer pürieren, mit Salz abschmecken und mindestens 1 Stunde durchziehen lassen.

☞   Diese Dips schmecken auch zu gegrilltem Fleisch sehr gut.

Let's have a party

Feste feiern, wie sie fallen - wer möchte das nicht! Doch wenn der Anlaß da ist, schreckt man vor der Arbeit oft zurück. Die folgenden Gerichte sind einfach vorzubereiten. Natürlich schmecken diese Rezepte auch zu anderen Anlässen und können problemlos variiert werden.

Richten Sie die Speisen am besten auf einem großen Tisch an. Jeder kann sich dann selbst an dem Buffet bedienen, und der Gastgeber kann ohne schlechtes Gewissen mitfeiern.

Aufstellen eines einfachen kalten Buffets:

Laufrichtung der Gäste

1 – Tellerstapel	6	– Sanciére
2 – Besteck + Servietten	7	– Fleischplatte
3 – Vorspeisen	8	– Käseplatte
4 – Fischplatte	9	– Salate
5 – Prunkplatte	10	– Süßspeisen

Englische Partystange

1 Stangenweißbrot
Sherry-Butter: 50 g Butter
1 EL körniger Senf
1 EL Sherry (Medium)
Salz
Pfeffer
Shrimps-Creme: 125 g Doppelrahm-Frischkäse
25 g Butter
Salz
Pfeffer
150 g Shrimps
1/4 Salatgurke
1 Zweig Dill
1 Stück frischer Ingwer
1 Knoblauchzehe
Worcestersauce

Für die Sherry-Butter die Butter cremig rühren. Mit Senf, Sherry, Salz und Pfeffer würzen.
Für die Shrimps-Creme Frischkäse und Butter cremig rühren. Mit Salz und Pfeffer abschmecken. Shrimps, gewürfelte Gurke, gezupften Dill und zerkleinerten Ingwer untermischen. Mit gepreßtem Knoblauch und Worcestersauce würzen. Das Brot längs halbieren und jede Hälfte damit bestreichen.

Kartoffelsalat

1 kg Salatkartoffeln
2 Zwiebeln
4 Eier
8 Gewürzgurken
300 g Miracel Whip
1 TL scharfer Senf
Salz
Pfeffer
etwas Zucker

Die Kartoffeln abwaschen und mit der Schale in Salzwasser etwa 25 Minuten kochen. Kurz abschrecken, schälen und auskühlen lassen. Zwiebeln und hartgekochte Eier kleinschneiden. Kartoffeln und Gewürzgurken würfeln. Alles mit Miracel Whip und Senf vermischen. Mit Salz, Pfeffer und Zucker abschmecken.

Brokkoli-Salat

800 g Brokkoli
Salz
400 g Kochschinken in Scheiben
250 g Mayonnaise
10 g Parmesankäse
Kräutersalz
Pfeffer
Oregano
Thymian

Den Brokkoli waschen und den Strunk entfernen. Im kochenden Salzwasser 10 Minuten garen. In einem Sieb abschrecken und in kleine Stücke schneiden. Den Kochschinken würfeln und zum Brokkoli geben. Mayonnaise und Parmesankäse untermischen und mit Gewürzen kräftig abschmecken.

Rucolasalat mit Tomaten und Valbriecamembert
für 8 Personen

600 g Rucola
800 g Kirschtomaten
2 Zwiebeln
400 g Valbriecamembert (Kräuter)
80 g Pinienkerne
300 g Joghurt
100 g Crème fraîche
6 EL Kräuteressig
4 EL Öl
Salz
Pfeffer
4 EL gehackte Petersilie
4 EL Schnittlauchröllchen

Rucola putzen und waschen. Die Kirschtomaten waschen und halbieren. Die Zwiebeln abziehen und in feine Ringe schneiden. Den Camembert in Scheiben schneiden. Die Pinienkerne in einer Pfanne hellbraun rösten. Joghurt mit Crème fraîche, Essig, Öl, Salz, Pfeffer, Petersilie und Schnittlauchröllchen zu einer Sauce verrühren. Rucola, Tomaten, Zwiebelringe und Käsescheiben auf einer Platte anrichten, mit Salatsauce überziehen und mit Pinienkernen überstreuen.

Bunter Nudelsalat

250 g Hörnchennudeln
2 l Wasser
Salz
250 g Fleischwurst
1 grüne Paprikaschote
1 kleine Dose Mais
4 Gewürzgurken
150 g Joghurt
50 g Mayonnaise
3 EL Milch
Salz
Pfeffer
Worcestersauce
Paprikapulver

Nudeln in kochendes Salzwasser geben und bei mittlerer Hitze in etwa 20 Minuten gar kochen. Auf einem Sieb mit kaltem Wasser abschrecken, abtropfen und erkalten lassen. Fleischwurst häuten und würfeln. Paprikaschote abwaschen, trockentupfen, entkernen und in Streifen schneiden. Mais aus der Dose nehmen und abtropfen lassen. Gewürzgurken in Würfel schneiden. Joghurt, Mayonnaise und Milch verquirlen und mit Salz, Pfeffer, Worcestersauce sowie Paprikapulver würzen. Die Zutaten dazugeben, umrühren und zugedeckt etwa 20 Minuten im Kühlschrank ruhen lassen.

Pikanter Reissalat

150 g Langkornreis
1 Stange Porree
200 g gekochter Schinken
200 g Gouda oder Edamer Käse
1 kleine Dose Erbsen
5 EL Öl
4 EL Kräuteressig
1 Bund Petersilie
Salz
Pfeffer

Den Reis in kochendes Salzwasser geben und zugedeckt 20 Minuten kochen. In ein Sieb schütten, mit kaltem Wasser abschrecken und abkühlen lassen. Den Porree der Länge nach aufschneiden, gründlich waschen und in schmale Streifen schneiden. Im Salzwasser etwa 5 Minuten kochen. Herausnehmen und abtropfen lassen. Schinken und Käse in schmale Streifen schneiden. Alles mit den abgetropften Erbsen in eine Schüssel geben und vermischen.
Öl und Essig verrühren. Die Petersilie abspülen, trockentupfen, feinhacken und in die Marinade geben. Mit Salz und Pfeffer abschmecken. Die Marinade über den Salat gießen. Umrühren und etwa 30 Minuten durchziehen lassen.

Elsässer Speckkuchen

300 g geräucherter, gekochter Bauchspeck
140 g Butter
360 g Mehl
2 Eigelb
4 EL Wasser
Salz
Zucker
4 Eier
250 g Sahne
$^1/_4$ l Milch
Cayennepfeffer
Muskatnuß

Bauchspeck für etwa 15 Minuten in den Tiefkühlschrank legen (läßt sich dadurch besser schneiden). 120 g Butter in kleine Stücke schneiden. Mit 260 g Mehl, den Eigelb, kaltem Wasser und je 2 Prisen Salz und Zucker schnell zu einem glatten Teig verkneten. Zur Kugel formen und zugedeckt 1 Stunde kalt stellen. Den Bausspeck aus dem Kühlschrank nehmen, in Würfel schneiden und in einer Pfanne bei mittlerer Hitze in etwa 5 Minuten knusprig braten.
Den Backofen auf 200 Grad vorheizen. Ein Backblech mit hohem Rand mit der restlichen Butter einfetten. Die Arbeitsfläche mit Mehl bestäuben. Den Mürbeteig darauf dünn ausrollen und das Backblech damit auslegen. Dabei einen 2 cm hohen Rand formen. Die Eier in einer Schüssel verquirlen und Sahne und Milch unterrühren. Mit Salz, Cayennepfeffer und geriebener Muskatnuß würzen. Die Speckwürfel auf dem Teig verteilen und die Eiermilch darübergießen. Den Backofen auf 180 Grad herunterschalten und den Speckkuchen 25–30 Minuten goldbraun backen.

Heringsstipp

Diese Fischspeise aus dem Bergischen Land schmeckt am nächsten Tag sogar noch besser.

2 Salzheringe (je 200 g)
1 Zwiebel
1 Tasse Wasser
50 g Mayonnaise
etwas Milch
Saft von ¹/₂ Zitrone
Pfeffer
Salz
1 Prise Zucker
1 hartgekochtes Ei
1 Gewürzgurke

Die Salzheringe über Nacht in kaltes Wasser einlegen. Am nächsten Tag Kopf, Rücken und Schwanzflossen abschneiden, die Heringe häuten und die Filets von den Gräten lösen. Unter kaltem Wasser abspülen und trockentupfen. Die Zwiebel schälen, würfeln und in einem Topf mit einer Tasse kochendem Wasser etwa 5 Minuten erhitzen. Mit Mayonnaise, Milch und Zitronensaft glatt verrühren. Mit Pfeffer, Salz und Zucker kräftig abschmecken. Das hartgekochte Ei und die Gewürzgurke würfeln. Mit den Heringsfilets in die Sauce geben, gut vermischen und 4 Stunden durchziehen lassen.

☞ Stilecht wird der Heringsstipp mit Pellkartoffeln und frischer Butter.

Tsatsiki

1 Salatgurke
4 Knoblauchzehen
500 g Vollmilchjoghurt
Salz
Pfeffer
4 Peperoni aus dem Glas

Die Gurke schälen, längs halbieren und die Kerne mit einem Löffel auskratzen. Die Gurkenhälften in kleine Würfel schneiden oder grob reiben. Knoblauchzehen schälen und zerdrücken. Beides mit dem Joghurt in einer Schüssel verrühren. Mit Salz und Pfeffer kräftig abschmecken. Mit Peperoni garnieren.

☞ Noch besser schmeckt es mit original griechischem Joghurt.

Wurst im Blätterteig

ergibt 20 Stück

300 g tiefgekühlter Blätterteig
Mehl zum Ausrollen
Paprika edelsüß
2 Kabanossi (ersatzweise harte Mettwurst)
1 Ei
3 EL Milch

Die Blätterteigscheiben nebeneinander auftauen lassen. Jede Scheibe längs in 4 Portionen schneiden und in wenig Mehl ausrollen. Mit Paprika bestäuben. In jede Teigscheibe ein 3 cm großes Stück Wurst einschlagen. Die Wurstpäckchen auf ein Backblech legen. Das Ei mit der Milch verquirlen und die Teigtaschen damit bestreichen. In den kalten Backofen schieben und bei 225 Grad 20 Minuten backen.

Maisdip

1 Dose Gemüsemais (285 g)
2 Zwiebeln
2 Knoblauchzehen
150 g Joghurt
Salz
frisch gemahlener Pfeffer
gemahlener Koriander
1/2 rote Paprikaschote

Den Mais abtropfen lassen. Die Zwiebeln schälen und in Würfel schneiden. Die Knoblauchzehen abziehen und pressen. Alles pürieren, den Joghurt unterrühren und die Creme mit Salz, Pfeffer und Koriander abschmecken. Die Paprika putzen, würfeln und auf die Creme streuen.

☞ Dazu schmecken Kartoffelchips oder Nachos.

Türkischer Hackbraten

¹/₂ Brötchen vom Vortag
1 kleine Zwiebel
2 Knoblauchzehen
500 g Hackfleisch
2 Eier
1 Stengel glatte Petersilie
Salz
Pfeffer
1 Prise Cumin (Kreuzkümmel)
100 g Schafskäse
etwas Öl
200 g Aubergine
2 Knoblauchzehen
2 EL Olivenöl
200 g Tomaten
150 g Vollmilchjoghurt
Saft und Schale von ¹/₂ ungespritzten Zitrone
4 Stengel Minze

Das Brötchen im Wasser einweichen. Die Zwiebel und die Knoblauchzehen schälen und feinhacken. Mit dem Fleisch, den Eiern, der gehackten Petersilie und dem gut ausgedrückten Brötchen verkneten. Kräftig würzen. Aus der Masse einen länglichen Laib formen und den Schafskäse in die Mitte drücken. Den Hackbraten in eine geölte Form legen und im Backofen bei 200 Grad 45 Minuten braten.
Die Auberginen putzen und waschen. Die Enden abschneiden und die Auberginen in Scheiben schneiden. Die Knoblauchzehen abziehen und ebenfalls in Scheiben schneiden. Beides nach 20 Minuten um den Braten verteilen. Mit Salz und Pfeffer würzen und mit Olivenöl beträufeln. Die Tomaten mit kochendem Wasser überbrühen, häuten, entkernen, achteln und dabei die Stielansätze entfernen. Nach weiteren 25 Minuten dazugeben.
Den Joghurt mit dem Saft und der abgeriebenen Schale der Zitrone vermischen. Die gehackte Minze unterrühren und mit Salz und Pfeffer abschmecken. Die Joghurtsauce zu dem Braten servieren.

☞ Stilecht wird das Gericht mit frischem Fladenbrot.

Serbische Bohnensuppe

Wenn an einem feucht-fröhlichen Abend der Elan langsam nachläßt, dann sind kräftige und scharfe Suppen genau das Richtige. Ob um 10 Uhr abends oder gegen Mitternacht - sie bringen müde Geister wieder in Form.

250 g weiße Bohnen
500 g Schweinebauch
1³/4 l heiße Fleischbrühe (Instant-Brühe)
2 Stangen Porree
1 rote Paprikaschote
1 grüne Paprikaschote
1 Zwiebel
1 Lorbeerblatt
4 Wacholderbeeren
2 Gewürznelken
Salz
Pfeffer
Paprikapulver
Majoran
Weinessig
1/8 l saure Sahne

Die weißen Bohnen über Nacht in lauwarmem Wasser einweichen. Am nächsten Tag abtropfen lassen und mit dem Schweinebauch in einen Topf mit kochender Fleischbrühe geben. Den Porree putzen und in dünne Scheiben schneiden. Die Paprikaschoten waschen, trockentupfen, entkernen und in Streifen schneiden. Die Zwiebel schälen und mit dem Lorbeerblatt, den Wacholderbeeren sowie den Gewürznelken in die Suppe geben. 50–60 Minuten kochen.
Mit Salz, Pfeffer, Paprikapulver, Majoran und Weinessig kräftig abschmecken. Das Lorbeerblatt entfernen. Die Sahne hineinrühren. Schweinebauch herausnehmen, in Würfel schneiden und wieder in die Suppe geben.

☞ Als Beilage frisches Weißbrot servieren.

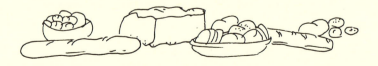

Prairie Oyster

Ein bekanntes Katergetränk, das man auf ex trinken sollte, ohne umzurühren. Am besten sofort mit einem Glas Wasser nachspülen.

2 TL Tomatenketchup
2 TL Worcestersauce
1 Eigelb, Zitronensaft
Olivenöl
Salz
Pfeffer
Paprikapulver

Tomatenketchup und Worcestersauce in ein Cocktailglas geben. Eigelb vorsichtig hineingleiten lassen. Mit etwas Zitronensaft und Olivenöl beträufeln. Mit Salz, Pfeffer und Paprikapulver bestreuen.

☞ Ebenfalls ein bewährtes Katergetränk ist Bloody Mary (Rezept S. 124). Eine weitere, wenn auch äußerst radikale Möglichkeit: Kaffee mit dem Saft 1 Zitrone vermischen.

Katersalat

Nach einer durchfeierten Nacht kann man schon auf einen Kater kommen. Wollen Sie sich selbst oder andere „Mitleidende" von diesem Tier befreien oder fernhalten, bereiten Sie vorbeugend eine größere Menge diesen Salats zu. Der Katersalat schmeckt auf der Party selbst genauso gut wie am Morgen danach.

400 g Matjesfilet
1 grüne Paprikaschote
1 rote Paprikaschote
2 Zwiebeln
4 Tomaten
75 g Joghurt
4 EL Mayonnaise
Zitronensaft
Salz
Pfeffer
1 Prise Zucker

Die Matjesfilet über Nacht in einer Schüssel wässern. Am nächsten Tag herausnehmen, trockentupfen und in Streifen schneiden. Die Paprikaschoten waschen, trockentupfen, entkernen und ebenfalls in Streifen schneiden. Die Zwiebeln schälen und in Ringe schneiden. Die Tomaten waschen, trockentupfen und achteln. Alles zusammen in eine Schüssel geben.
Joghurt, Mayonnaise und Zitronensaft verrühren. Mit Salz, Pfeffer und Zucker abschmecken und über den Salat gießen. Mindestens 1 Stunde im Kühlschrank ziehen lassen.

Obstsalat

2 EL Zucker
2 EL Wasser
Saft von 1 Limette
2 EL weißer Rum
150 g Brombeeren
150 g Himbeeren
1 frische Feige
¼ kleine Honigmelone
1 Pfirsich
50 g blaue und 50 g grüne Weintrauben

Den Zucker mit Wasser zu Sirup kochen und erkalten lassen. Den Limettensaft und den Rum unterrühren. Brombeeren und Himbeeren verlesen. Die Feige waschen, trockentupfen und in dünne Scheiben schneiden. Das Fruchtfleisch von der Honigmelone würfeln, den Pfirsich mit heißem Wasser überbrühen, häuten, entkernen und in Spalten schneiden. Die Weintrauben waschen, halbieren und entkernen. Alle Früchte mit der Marinade in einer Schale vorsichtig mischen und zugedeckt im Kühlschrank 2 Stunden ziehen lassen.

Rund um die Hausbar

Es muß nicht gleich eine perfekte Hausbar sein. Schon wenige Spirituosen und Utensilien reichen meist aus, um aus ihnen ein raffiniertes Mixgetränk zu zaubern. Falls Sie Gefallen an der Barkeeper-Tätigkeit finden sollten, können Sie Ihren Grundvorrat nach und nach aufstocken.

Profis verfügen natürlich über ein umfangreiches Equipment: Crashed-ice-Bereiter zum Hacken der Eiswürfel, Shaker, Siphon für Sodawasser, Meßbecher, Barlöffel, Eiseimer, Barquirl, Barsieb oder Stirer (Rührstäbchen), mit denen die Longdrinks im Glas umgerührt werden. Doch wer nur hin und wieder einen selbstgemixten Cocktail oder einen exotischen Longdrink genießen will, kann sich mit einfachen Küchenutensilien behelfen. So erfüllt als Shaker beispielsweise eine Schraubflasche mit großer Öffnung ebenso ihre Dienste wie ein einfacher Löffel –1 Eßlöffel = 1 cl – zum Abmessen und Umrühren. Und crashed-ice erhalten Sie, indem Sie Eiswürfel in ein Handtuch einwickeln und mit dem Hammer daraufschlagen.

Wichtig: Die Drinks stets kalt servieren und für genügend Eiswürfel sorgen. Und noch ein Tip: Cocktails, die mit Eis gemixt werden, immer durchseihen, damit sie nicht wässerig schmecken. Statt Barsieb läßt sich hier notfalls ein Teesieb verwenden.

Sind Sie der Besitzer eines Shakers, dann werden sie mit dem folgenden Profitrick sicherlich Eindruck schinden: Den Shaker mit beiden Händen fest umfassen und waagerecht in Schulterhöhe erst vom Körper weg und dann zum Körper hin bewegen. Dabei kurz und kräftig schütteln. Die Methode ist vielleicht etwas gewöhnungsbedürftig, doch so ist die Kühlwirkung am stärksten. Den Shaker am besten mit einer Serviette umwickeln, damit der Inhalt nicht durch die Körpertemperatur der Hände erwärmt wird.

Ein weiterer, nicht unerheblicher Faktor für Ihren Erfolg als Gastgeber ist und bleibt das richtige Glas. Glas ist Glas, und die Hauptsache ist, es läßt sich daraus trinken, mag manch einer vielleicht der Überzeugung sein. So weit, so gut. Doch spätestens dann, wenn er einen professionell gemixten Cocktail in einem einfachen Becherglas serviert, wird er eines Besseren belehrt. Denn erst in einem passenden Glas kommt das Getränk zu seiner vollen Geltung. Das heißt jedoch nicht, daß der Gläserschrank vor lauter Glassorten überquellen muß. Im allgemeinen reichen als Grundausstattung schon die folgenden sechs Exemplare aus:

Weingläser: Ein Perfektionist besitzt natürlich Weißwein- und Rotweingläser. Ansonsten läßt sich aus einem Weißweinglas auch Rotwein trinken und umgekehrt.

Sektflöten: Hohe, kegelförmige, langstielige Gläser. Ebenso geeignet sind Sektschalen.

Südweingläser: Diese Stielgläser in Tulpenform, meist für maximal 8 cl Flüssigkeit, eignen sich nicht nur für Südweine wie Sherry oder Portwein, sondern auch für Aperitifs und Cocktails. Notfalls lassen sich darin auch Weinbrände oder Schnäpse servieren. Natürlich gibt es spezielle Cocktail-, Schnaps-, Cognac- und Likörgläser. Welche und wieviele Gläser sich einer davon anschaffen möchte, hängt von den finanziellen und wohl auch räumlichen Möglichkeiten ab.

Hohe, schmale Bechergläser: Ein Allround-Glas, das für diverse Getränke wie Longdrinks oder Milchmixgetränke, notfalls auch für Bier geeignet ist.

Niedrige, breite Bechergläser (Tumbler): Eignen sich für Drinks wie z. B. Whisky, die „on the rocks", also pur mit Eiswürfeln serviert werden.

Alle Drinks sind für 1 Person berechnet, wenn nicht anders angegeben.

Cocktails

Manhattan Cocktail

2 cl kanadischer Whisky
2 cl italienischer roter Wermut
2–3 Eiswürfel
1 Spritzer Angostura
1 Cocktailkirsche

Whisky, Wermut, Eiswürfel und Angostura in ein Mixglas geben. Gut verrühren und in ein Cocktailglas gießen. Die Cocktailkirsche hinzufügen.

White Lady

2 cl Gin
2 cl Cointreau
1 cl Zitronensaft
2–3 Eiswürfel
1 Cocktailkirsche

Gin, Cointreau, Zitronensaft und Eiswürfel in einen Shaker geben und gut schütteln. In ein Cocktailglas gießen und mit Cocktailkirsche servieren.

Daiquiri

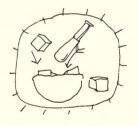

2 Eiswürfel
2 cl weißer Rum
1 cl Grenadine
1 cl Zitronensaft
1 TL Puderzucker

Eiswürfel zerstoßen und mit Rum, Grenadine, Zitronensaft und Puderzucker verrühren. In ein Cocktailglas gießen.

Caipirinha

¹/₂ Limette
2 TL Zucker
2 cl Zuckerrohrschnaps
2 Eiswürfel

Die Limette vierteln und mit Zucker im Glas zerdrücken. Den Zuckerrohrschnaps hinzugeben, mit geschlagenem Eis auffüllen und umrühren.

Swimming Pool

3 cl Wodka
2 cl grüner Bananenlikör
2 cl Schlagsahne
8 cl Ananassaft
1 EL Kokosnußcreme (aus der Dose)
1 Stück Ananas (frisch oder aus der Dose)
1 Cocktailkirsche
1 Minzblatt

Alle Zutaten im Mixer oder mit dem Mixstab vom Handrührgerät gut durchmixen. In ein mit gestoßenem Eis gefülltes Glas gießen. Ananas, Cocktailkirsche und Minzblatt aufspießen und den Spieß über das Glas legen.

Longdrinks

Cuba libre

Dieses Getränk zählt zu den bekanntesten Longdrinks.

> *5 cl Bacardi Rum*
> *1,5 cl Zitronensaft*
> *2-3 Eiswürfel*
> *Coca-Cola*

Rum, Zitronensaft und Eiswürfel in ein hohes Glas geben. Nach Bedarf mit Coca-Cola auffüllen und umrühren.

Bloody Mary

Ein bekannter, würziger Longdrink, der auch als Aperitif serviert werden kann.

> *2 cl Wodka*
> *4 cl Tomatensaft*
> *1,5 cl Zitronensaft*
> *1 Prise Selleriesalz*
> *Worcestersauce*
> *1 Prise Pfeffer*

Alle Zutaten gut mixen und in ein hohes Glas gießen.

Gin Fizz

2–3 Eiswürfel
2 TL Puderzucker
Saft 1 Zitrone
3 cl Gin
Soda

Die Eiswürfel zerkleinern und in den Shaker geben. Puderzucker, Zitronensaft und zuletzt Gin hinzufügen. 1-2 Minuten kräftig schütteln. In ein hohes Glas gießen und nach Bedarf mit Soda auffüllen.

Gin Tonic

2 cl Gin
2 cl Zitronensaft
2-3 Eiswürfel
Tonic-Wasser
1 Zitronenscheibe

Gin, Zitronensaft und Eiswürfel in ein hohes Glas geben, umrühren und mit Tonic-Wasser auffüllen. Mit Zitronenscheibe garnieren.

Margarita

2 cl Limettensaft
etwas Salz
2 cl Tequila
2 cl Cointreau
2–3 Eiswürfel

Den Glasrand in Limettensaft drehen und dann leicht in eine mit Salz gefüllte Schale drücken. Tequila, Cointreau und Limettensaft in einem Shaker kräftig schütteln. Die Eiswürfel zerstoßen, in das Glas geben und den Drink darübergießen.

Tequila Sunrise

4 Eiswürfel
4 cl Tequila
1 Spritzer Zitronensaft
10 cl Orangensaft
3 cl Grenadine
1 Orangenscheibe (unbehandelt)

Die Eiswürfel in ein Glas geben und Tequila und Zitronensaft darübergießen. Mit dem Orangensaft auffüllen und langsam die Grenadine hineinfließen lassen. Mit Orangenscheibe garnieren.

Campari Negroni

2–3 Eiswürfel
2 cl Campari
2 cl Wermut
2 cl Gin
1/2 Orangenscheibe (unbehandelt)

Die Eiswürfel in ein Glas geben. Die Zutaten darübergießen und mit einem Löffel gut verrühren. Mit der Orangenscheibe garnieren.

☞ Campari können Sie auch mit Tonic-Wasser oder mit Orangensaft mixen.

Heiße Getränke

Wenn es draußen so richtig stürmt, wird es zu Hause umso gemütlicher. Mit den folgenden Getränken ist ein schnelles Aufwärmen garantiert.

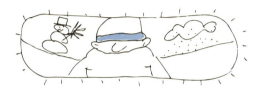

Rumgrog

¹/₈ l Wasser
1 Prise Zimt
2 cl Zitronensaft
5 cl Rum (54 % Vol.)
2–3 TL Zucker

Das Wasser mit Zimt und Zitronensaft in einem Topf zum Kochen bringen. Rum und Zucker in ein feuerfestes Glas geben und das Wasser dazugießen. Heiß servieren.

☞ Wenn das Glas nicht feuerfest ist, das Wasser über einen Teelöffel laufen lassen.

Glühwein
für 7 Gläser

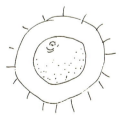

1 Orange
1 Flasche herber Weißwein
etwa 8 Stück Kandiszucker
1 Nelke
1 Prise Zimt

Die Orange schälen und in feine Scheiben schneiden. Die Kerne entfernen. Den Wein mit Zucker, Gewürzen und Orangenscheiben erhitzen. In feuerfeste Gläser füllen und sofort servieren.

Apfelpunsch
für 5 Personen

0,75 ml Wasser
3 Tassenportionen Apfeltee
Saft und Schale 1/2 unbehandelten Zitrone
Saft und Schale 1/2 unbehandelten Orange
37 g brauner Zucker
1 Prise gemahlener Kardamom
etwas Bittermandelaroma
100 ml Calvados
evtl. 1/2 roter Apfel oder 1/2 Karambole

Das Wasser aufkochen und den Apfeltee zugeben. 5 Minuten ziehen lassen, dann den Tee entfernen. Zitronen- und Orangenschalen mit Tee, Zucker, Kardamom und Aroma erhitzen, aber nicht kochen lassen. 10 Minuten durchziehen lassen und die Schalen entfernen.
Den Zitronen- und Orangensaft mit dem Calvados zum Punsch geben. Mit Apfel- oder Karambolescheiben garniert servieren.

Feuerzangenbowle
für 8–10 Personen

Schon Heinz Rühmann ließ sich dieses Getränk in dem berühmten gleichnamigen Film ausgiebig schmecken. Die Wirkung ist allerdings nicht zu unterschätzen.

3 Flaschen Rotwein
abgeriebene Schale von 1 unbehandelten Orange
abgeriebene Schale von 1 unbehandelten Zitrone
5 Gewürznelken
1 Zuckerhut
1/2 Flasche Rum (54 % Vol.)

Den Wein mit Orangen- und Zitronenschale und den Gewürznelken erhitzen und auf ein Rechaud stellen. Den Zuckerhut in einer Zange über den Topf plazieren und mit einem Schöpflöffel mit Rum beträufeln. Anzünden und nach und nach den ganzen Rum über den Zuckerhut gießen. Heiß servieren.

Schneller Imbiß für müde Heimkehrer

Ein-Mann-Gerichte zum Verwöhnen

Für kleine Esser

Romantisches Tête-à-tête

Ein vielversprechender Start

Ein gelungener Höhepunkt

Ein krönender Abschluß

Menüs für fröhliche Tafelrunden

Vorspeisen

Hauptgerichte

Nachspeisen

Endlich Grillzeit

Gewinnende Skatrunde

Let's have a party

Rund um die Hausbar

Cocktails

Longdrinks

Heiße Getränke

Quellennachweis

Der Abdruck des Liedes „Ich liebe meine Küche" von Reinhard Mey aus dem Textbuch „Alle Lieder", © 1998, erfolgte mit freundlicher Genehmigung des Maikäfer Musikverlages.